「ストウブ」で
いつもの料理をもっとおいしく!

今泉久美

文化出版局

ほうろうの鋳物なべ「ストウブ」は抜群の熱伝導と保温性を誇ります。中火から弱火の火加減で、なべ全体に熱がよく回り、食材にむらなく火を通していきます。「蒸しゆで卵」を作って確かめてみましょう。「ストウブ」に室温の卵４個と水½カップを入れ、ふたをほんの少しずらしてのせて中火にかけます。沸騰したのを確認したらふたをきちんと閉めてください。弱火で５〜６分加熱してすぐに取り出せば半熟卵ができます。同様にして火を止めて10分間放置すると固ゆで卵ができます。最小限の加熱時間でＯＫ、余熱でさらに調理が進む、とても経済的ななべ。それが「ストウブ」なのです。

「ストウブ」なら、½カップの水で「蒸しゆで卵」が作れます

蒸しゆで卵

半熟卵　沸騰後、弱火で　加熱時間５〜６分
固ゆで卵　沸騰後、弱火で　加熱時間５〜６分　▶ 放置時間10分

口径20cmのラウンド

半熟卵

固ゆで卵

卵は室温に戻し、底に包丁の刃の角で小さな穴をあけると黄身がかたよりにくく、殻がむきやすい。卵の大きさや個数、温度で加熱時間は変わる。水がなくなると卵の殻が焦げつくことがあるので気をつける。

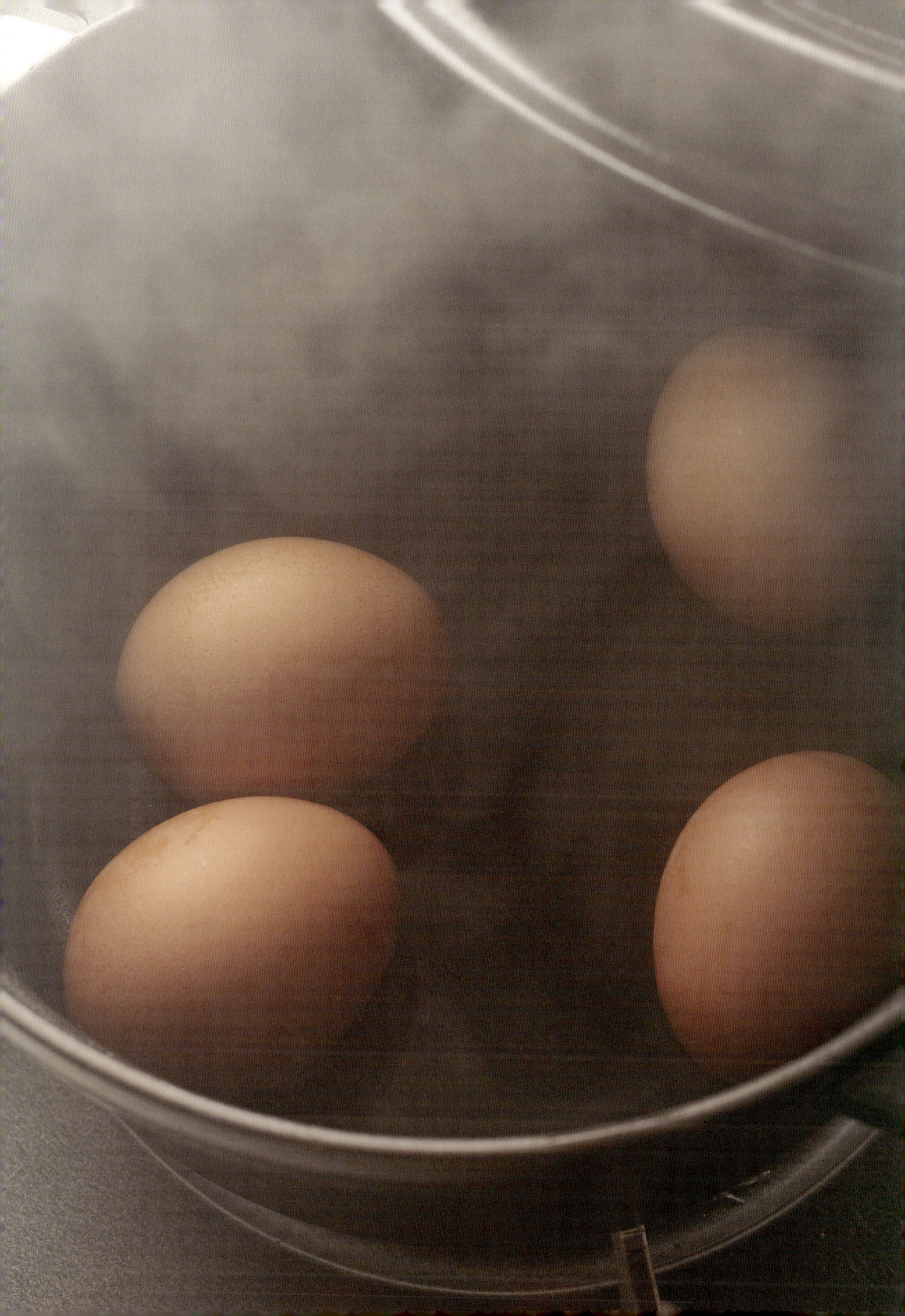

「ストウブ」の大きな特徴が、密閉性の高いふたとふた裏に並んだ丸い突起のピコにあります。調理が進むと蒸気がふた裏について水滴となり、均等に並んだピコを伝わって滴り落ち、また熱せられて蒸気になる……。少量の水が循環して、蒸すように煮てうまみを封じ込めるから、煮物がしっとり、しかも早く煮上がるのです。「いり鶏」を作ってみましょう。鶏肉をよくいため、蓮根、しいたけもいためます。わずかな量のだし汁と適量の調味料を加えて、ふたをして中火にかけます。沸騰したら弱火に。煮汁が勢いよく対流して煮えるのはあっという間。しっとりと煮えた鶏肉のおいしさは格別です。

「ストウブ」なら、わずかな量の煮汁で煮物がしっとり、早く煮上がります

いり鶏 | 加熱時間 15～17分

材料：4人分　口径24cmのラウンド
鶏もも肉（大きくそぎ切り）
　………………………2枚分（500g）
A ┌ 酒………………………………大さじ1
　└ しょうゆ、みりん………各小さじ2
蓮根……………………小2節（300g）（酢少々）
干ししいたけ（水でもどす）…………4枚
B ┌ 干ししいたけのもどし汁…大さじ1
　├ だし汁…………………………1/3カップ
　└ 酒、砂糖、しょうゆ……各大さじ2
サラダ油……………………………大さじ1
絹さや（ゆでて二つに切る）…………適宜

1 干ししいたけはそぎ切りにし、もどし汁はとっておく。

2 鶏肉はAをからめる。蓮根は大きな乱切りにして酢水に放す。

3 なべに油を入れて中火強で熱し、鶏肉をいためる。色が変わったら、水気をきった蓮根、しいたけを順にいためる。Bを加えて煮立て、一混ぜしたらふたをして、中火弱で10～12分煮る。途中一度、上下を返す。

4 ふたを開けて、強めの中火で煮汁を煮つめて器に盛り、絹さやを添える。

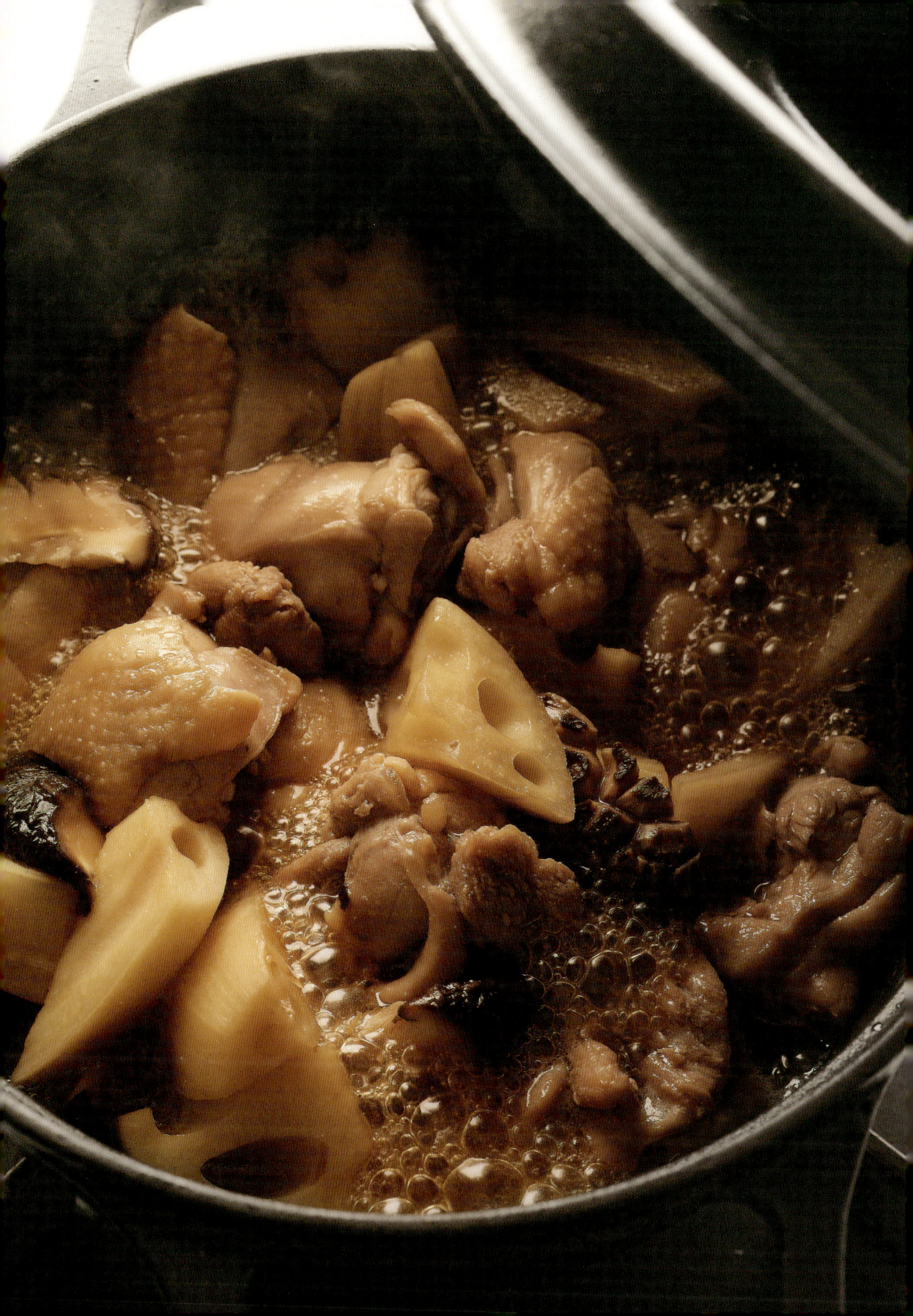

「ストウブ」は重い鋳鉄製のふたによって自然な圧力がかかるため、ご飯が上手に炊けます。なべの大きさに見合った米の量で、火加減に注意すれば、わーっとふきこぼれることもありません。鋳鉄そのものが熱をむらなく均等に伝えるので、ご飯はふっくらとしていながら、もちもちした食感もあり、どのなべよりもおいしく炊き上がります。余熱で炊きたての温かさが続くのもうれしいこと。またなべ肌には、ざらざらとした凹凸のある黒マットエマイユ加工*が施されているから、ご飯粒がくっつきにくくて、洗うのも簡単です。

＊黒マットエマイユ加工は、ガラス質エナメルであるほうろうを鋳物に薄く吹きつけ、800℃で30分間焼成する工程を3度繰り返す。その凹凸によって食材との接点を減らし、くっつきや焦げつきを防ぐ。

「ストウブ」なら、ご飯が
ふっくらもちもちに炊き上がります。
しかも、ご飯粒が
くっつきにくいのです

ご飯 | 加熱時間15分 ▶ 放置時間10分

材料
口径20cmまたは22cmのラウンド
米……………………………3合(540mℓ)
水……………………………3カップ(600mℓ)

1 米は洗ってざるに上げ、30分おく。米をなべに入れて水を加える。ふたをずらしてのせ、強めの中火にかける。

2 完全に煮立ったらふたをして(a)1分炊き、弱火で10分炊く(b)。火を止めて10分蒸らし(c)、さっくり混ぜて器によそう。

なべの口径と米の分量の目安
・口径20cmのラウンド　2〜3合
・口径22cmのラウンド　3〜4合
・口径24cmのラウンド　4〜5合

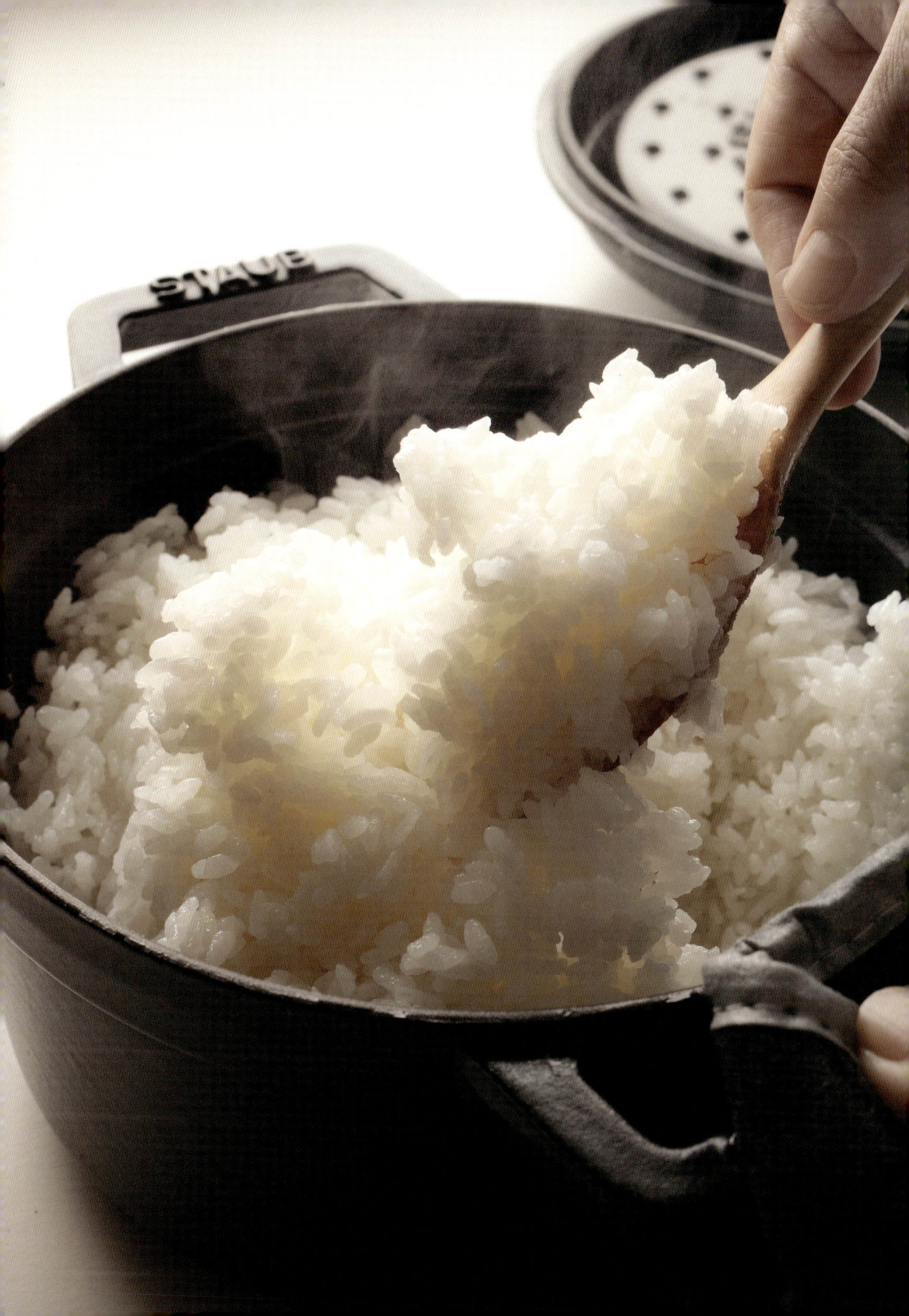
STAUB

「ストウブ」なら、½カップの水で「蒸しゆで卵」が作れます　2

「ストウブ」なら、わずかな量の煮汁で煮物がしっとり、早く煮上がります　4

「ストウブ」なら、ご飯がふっくらもちもちに炊き上がります。しかも、ご飯粒がくっつきにくいのです　6

「ストウブ」を長く愛用するために　73

CONTENTS

[蒸し煮]
スペアリブの豆豉煮	10
手羽元と卵の酢煮	12
豚の角煮	13
ビーフシチュー	14
チキンカレー	15
白だしおでん	16
いわしとカリフラワーのカレー煮	18
鯛のあら煮	19
牛すねポトフー	20
獅子頭	21
もつ煮	22
牛すじ大根	23
根菜のラタトゥイユ	24
夏野菜のオイル蒸し煮	25
ごろごろ肉じゃが	26
里芋の煮物	27

[蒸焼き]
塩豚と野菜の蒸焼き	28
鴨ロースの蒸焼き	30
ステーキサラダ	31
鶏もも肉の蒸焼き	32
かじきの蒸焼き ビネガー風味	33
なすのみそグラタン	34
蓮根のチーズ焼き	35
キャベツとベーコンの蒸焼き	36
かぶの蒸焼き	36
そら豆の蒸焼き	37
トマトの蒸焼き	37
玉ねぎの蒸焼き アンチョビーソース	38
きのこの蒸焼き	38
グリーンアスパラガスの目玉焼きのせ	39
ピーマンの蒸焼き かつお節あえ	39

本書の決り
- 塩は天然塩、砂糖は上白糖、バターは有塩バター、生クリームは動物性乳製品を使用。
- 「油」と表記したものは、好みの植物油を使ってください。
- 1カップは200㎖、1合は180㎖、大さじ1は15㎖、小さじ1は5㎖。
- 「加熱時間」はガスで調理したときの目安です(下ゆでなど「ストウブ」以外のなべを使った時間は除く)。IHの場合は誤差が出ますので調節してください。「放置時間」は火を止めてふたを閉めた状態でおき、余熱で調理をするものです。

[じか蒸し]	蒸しがき	40	[乾物を炊く]	しいたけのうま煮	60
	かきのオイル漬け	41		黒豆	60
	あさりの酒蒸し 香菜風味	42		さっぱり昆布巻き	61
	いかとブロッコリーの韓国風あえ物	43		ひよこ豆と豚肉のトマト煮	64
	白菜と豚バラ肉の重ね蒸し	44		チリコンカン	64
	棒棒鶏	45	[揚げる]	カレー風味の鶏のから揚げ	66
	枝豆の蒸しゆで	46		えびとズッキーニのフリット	67
	大豆もやしのナムル	46		フライドポテト チーズパセリ風味	67
	かぼちゃの蒸しゆで ヨーグルトソース	47		えびと三つ葉のかき揚げ	67
	とうもろこしの蒸しゆで	47	[燻す]	スモークサーモン	70
[蒸籠蒸し]	赤飯	48		ゆずこしょう風味の鶏手羽先の燻製	71
	かにあんかけの茶碗蒸し	49		帆立貝柱の燻製	71
[米を炊く]	鶏肉とあさりのパエリャ	52	[デザート]	蒸しプリン	74
	オレンジとルッコラのサラダ	52		桃のコンポート	75
	さつまいもとソーセージのカレーピラフ	53		いちじくのコンポート	75
	かぶとにんじんのピクルス	53		夏みかんのしょうが風味ジャム	75
	きのこご飯	56		いちごジャム	75
	かやくご飯	56		ブルーベリージャム	75
	そら豆と新しょうがのご飯	56		にんじんの蒸しケーキ	78
	鯛とたけのこご飯	56			
	中華がゆ	57			

[蒸し煮]

「ストウブ」一番の得意料理は煮物や煮込みといえるでしょう。それは食材からの水分や煮汁が蒸気となってなべの中を循環し、まるで蒸すように煮ておいしさを封じ込めるからです。加熱時間は必要最小限にして、放置して余熱をきかせるレシピでご紹介しましょう。

スペアリブの豆豉煮 | 加熱時間30分 ▶ 放置時間10〜20分

たっぷり肉のついたスペアリブに、加熱と放置の半々で火を通します。
骨離れもよく、豆豉のたれがよくからんだ、うまみ充分の煮物です。

材料：4〜6人分　口径24cmのラウンド

豚スペアリブ（食べやすく切ったもの）
……………………………………800g

A ┌ 塩……………………………小さじ¼
　└ 粗びき黒こしょう……………少々

B ┌ しょうゆ、豆豉（みじん切り）
　│　……………………各大さじ1½
　│ 紹興酒………………………大さじ2
　│ 酒………………………………⅓カップ
　│ オイスターソース、砂糖
　│　………………………各大さじ½
　│ にんにく（みじん切り）………1かけ分
　│ しょうが（みじん切り）………大さじ2
　│ 赤とうがらし（小口切り）………少々
　└ かたくり粉……………………小さじ1

青梗菜……………………………………2株
塩……………………………………………少々
油……………………………………………小さじ1

1 スペアリブはさっと下ゆでして洗い、水気をふいて（a）、Aをすり込み、10分おく。

2 青梗菜は葉と軸に分け、軸は四つ割りにする。なべに油を熱して軸をいため、塩と水大さじ2をふり入れ、ふたをして2分蒸す。葉も加えてふたをし、さっと蒸したら取り出して汁気をきる。

3 1にBを入れてよく混ぜ（b）、汁気をふいた2のなべに移して中火にかける。煮立ったらよく混ぜてふたをし、ごく弱火で20分煮る。火を止めて10〜20分おいて、余分な脂をすくう（c）。

4 3を一度混ぜてから火にかけて煮汁を煮つめる。ここに青梗菜を加えて温め、器に盛る。

手羽元と卵の酢煮 加熱時間25分 ▶ 放置時間10分

「ストウブ」の黒マットエマイユ加工は酸に強いので、酢を使う料理でも安心です。
酢の力で手羽元をやわらかく煮て、にんにく、しょうがの風味をきかせます。

材料：4人分　口径22cmのラウンド

手羽元……………………12本（600～700g）
A ┌ にんにく（薄切り）……………1かけ分
　├ しょうが（薄切り）……………1かけ分
　├ 酢、しょうゆ、酒………各大さじ3
　└ 砂糖……………………………大さじ2
ゆで卵………………………………………6個

1 手羽元はさっと下ゆでして、水で洗って水気をふく。

2 なべに1を入れてAを加え（a）、強めの中火にかける。

3 よく煮立ててふたをし、中火弱で、ときどき上下を返して15分煮る。

4 ゆで卵を加え（b）、5分煮て上下を返してふたをし、火を止めて10分おく。

5 好みでさっと煮つめ、卵を半分に切って器に盛る。

豚の角煮 | 加熱時間約2時間 ▶ 放置時間40分

ふつうのなべでは4時間かかるところ、およそ半分まで加熱時間を短縮。
大きな肉がそれはやわらかくジューシーに煮えます。脂身の薄い三枚肉を選んで作りましょう。

材料：作りやすい分量
口径24cmのラウンド

豚バラ肉（塊を6〜8等分に角切り）
　　……………………………1〜1.2kg
A ┌ 酒、水、だし汁…………各1カップ
　 └ しょうが（薄切り）………………3枚
砂糖………………………………大さじ5
しょうゆ…………………………大さじ6
油…………………………………小さじ1
溶きがらし………………………適宜

1 豚バラ肉は油を熱したなべで脂身をよく焼き、とけた脂をペーパータオルで除きながら（a）、表面をすべて焼く。

2 1にかぶるくらいの水を注いで沸騰させ、肉を取り出してから湯を捨てる。

3 肉をなべに戻してAを入れ、煮立ったらふたをして、ごく弱火にして1時間半煮る。

4 火を止めて20分おき、浮いた脂をすくう。

5 再び火にかけて砂糖を加え、ふたをして弱火で10分煮る。しょうゆを加えて煮立て、ふたをして10分煮て火を止め、20分おいて浮いた脂をすくう（b）。

6 器に盛り、溶きがらしを添える。

＊残った煮汁でじゃがいもや大根、卵などを煮るといい。
＊冷まして脂を固め、除いても。

ビーフシチュー

加熱時間 2時間30分〜3時間　▶ 放置時間30分

おいしさのポイントは、牛肉と香味野菜をじっくりといためてから、ワインを注いで煮つめることです。

材料：4人分　口径24cmのラウンド

牛肉（赤身とバラ肉を半々。
　塊を8〜12等分に切る）……600g
A ┌ 塩……………………………小さじ1
　├ 粗びき黒こしょう…………少々
　└ 小麦粉……………………大さじ1
じゃがいも（メークイン。皮をむく）
　………………………………………4個
ペコロス（皮をむく）…………12個
にんじん（くし形切り）………1本分
B ┌ 玉ねぎ（みじん切り）……大½個分
　├ にんじん（みじん切り）
　│　　　　　　　　　　　3cm長さ分
　├ セロリ（みじん切り）……5cm長さ分
　└ にんにく（みじん切り）……1かけ分
赤ワイン………………………½本（360mℓ）
C ┌ トマトジュース（有塩）
　│　　　　　　　　2缶（1缶190g）
　├ ローリエ……………………1枚
　├ 水……………………………2カップ
　├ 塩……………………………小さじ⅓
　├ トマトケチャップ…………大さじ2
　└ 中濃ソース…………………小さじ1
油、バター……………………各大さじ1
塩、こしょう…………………各少々
はちみつ………………………小さじ1〜2

1 牛肉はAをまぶす。なべに油を熱して牛肉の表面を焼きつけ、バターとBを加えていためる。これを中火弱でふたをして蒸らしいため☆にし、ふたを取って赤ワインを注ぎ、なべ底を混ぜて、中火強で半量まで煮つめる。

2 Cを加えて煮、あくをすくってふたをし、ごく弱火でときどき混ぜて1時間半〜2時間煮る。火を止めて20分おく。

3 2にじゃがいも、ペコロス、にんじんを加えて煮立て、ふたをしてときどきなべ底から混ぜながら、野菜に火が通るまで弱火で30分煮る。火を止めて10分おき、再び弱火にかけて温め、塩、こしょう、はちみつで味を調える。

☆蒸らしいためは55ページ参照

チキンカレー

加熱時間 **35分** ▶ 放置時間 **20分**

鶏もも肉をヨーグルトとカレー粉につけて、それを煮込むだけの手軽さです。
野菜はオクラに限らずお好みでどうぞ。

材料：4人分
口径24cmのラウンド
骨つき鶏もも肉（ぶつ切り）………600g
下味
　塩……………………小さじ1強
　こしょう……………………少々
A
　玉ねぎ（すりおろす）………½個分
　しょうが（すりおろす）……1かけ分
　にんにく（すりおろす）……1かけ分
B
　カレー粉、パプリカパウダー
　　　　　　　　　　…………各大さじ1
　トマトケチャップ…………大さじ2
　プレーンヨーグルト…………300g
玉ねぎ（みじん切り）…………1½個分
カレー粉……………………大さじ1
塩……………………………小さじ½
油……………………………大さじ1½
オクラ（塩もみして洗い、へたをむく）
　　　　　　　　　　　………1～2パック
C
　みりん……………………大さじ1
　カレー粉、ガラムマサラ……各少々
　塩……………………………少々
　しょうが（すりおろす）……1かけ分
温かいご飯、アーモンドスライス
　（ロースト）…………………各適宜

1 鶏もも肉はボウルに入れ、塩、こしょうをからめてから、A、Bを順に混ぜて30分室温におくか、冷蔵庫に半日おく。

2 なべに油を入れて火にかけ、玉ねぎを蒸らしいため☆にする。カレー粉を加えてさっといため、1の鶏肉を汁ごと入れ、水1½カップと塩を加えて、一煮立ちさせる。

3 ふたをしてごく弱火で、途中混ぜながら20分煮、火を止めて20分おく。

4 再び火にかけてオクラを加えて煮、Cで調味する。ご飯にアーモンドスライスをまぶし、カレーをかける。

☆蒸らしいためは55ページ参照

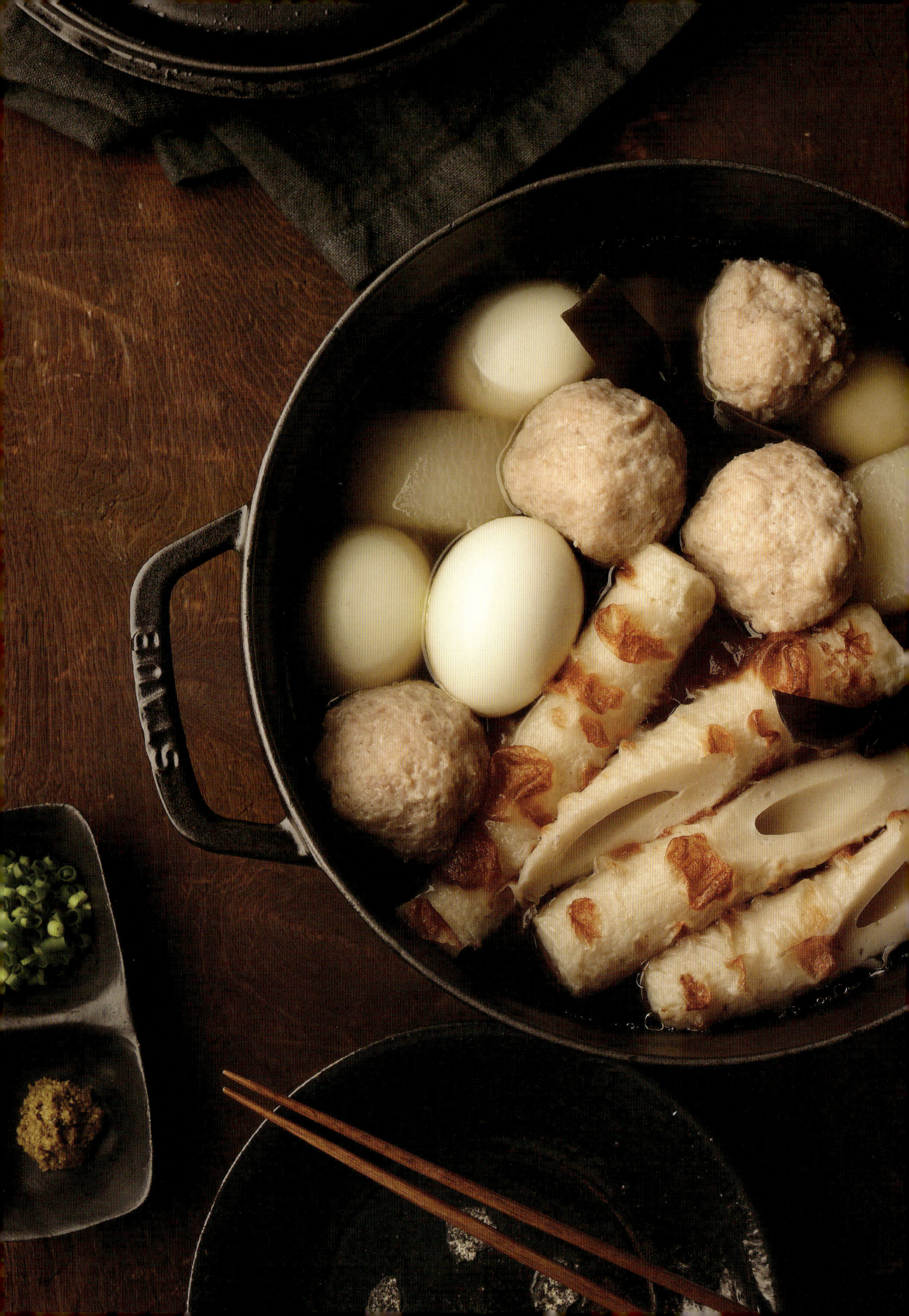
STAUB

1 大根は厚く皮をむいて面取りし、十字の隠し包丁を入れる。なべに油を入れて火にかけて大根を並べ、ふたをして弱火で両面を10分ずつ蒸焼きにする(a)。かぶるくらいの水を注いで煮立て、大根を取り出して湯を捨てる。

2 昆布は2カップの水につけてもどし、幅を3〜4等分に切って2か所で結び、長さを半分に切る。つけ汁はとっておく。こんにゃくは両面に格子目を入れ、三角形に切る。

3 なべに大根と、昆布をつけ汁ごと入れ、Aを加えて煮立てる。

4 Bをよく混ぜて、4等分して肉だんごを作り、3に加えて(b)ふたをして弱火で6分煮る。

5 肉だんごを取り出し、こんにゃくを加えて上に削りがつおをのせ(c)、20〜30分、ごく弱火で大根がやわらかくなるまで煮る。途中、10分ほどで削りがつおは取り出す。

6 塩で味を調え、ゆで卵、ちくわ、肉だんごを入れ、煮立ったらふたをして火を止め、20分おく。温めて万能ねぎとゆずこしょうを好みで添える。

＊大根は質によって加熱時間を加減する。旬ならもっと短くしても。

白だしおでん
加熱時間 50分〜1時間 ▶ 放置時間 20分

厚切りの大根を蒸焼きにしてから、塩味のだし汁で煮る、風味のいいおでんです。
なべごと食卓へ運べば、余熱で温かいままいただけます。

材料：4人分
口径24cmのラウンド

大根（4cm厚さの輪切り）	4〜6切れ
日高昆布（30cm長さ）	1本
こんにゃく（下ゆで済みのもの）	1枚
焼きちくわ（斜め半分に切る）	大2本
ゆで卵	4個
A ┌ 水	3カップ
│ 酒	½カップ
│ 塩	小さじ1½
└ みりん	大さじ1
B ┌ 鶏ひき肉	200g
│ しょうが汁	1かけ分
│ 酒	大さじ1
│ 砂糖	小さじ1
│ 塩	小さじ⅓
└ かたくり粉	大さじ½
削りがつお（だし用パックに入れる）	20g
油	大さじ1
塩	少々
ゆずこしょう	適宜
万能ねぎ（小口切り）	適宜

いわしとカリフラワーのカレー煮

加熱時間 25〜30分

カレー粉を使ったスパイシーないわしの煮込み料理です。
野菜もたっぷりで、滋養になる一品に。

材料：4人分　口径24cmのラウンド

いわし	6〜8尾
塩水 ─ 塩	小さじ1
└ 水	4カップ
A ─ 塩	小さじ¾
├ こしょう	少々
├ 白ワイン	大さじ2
└ カレー粉	小さじ1
トマト（水煮缶詰）	1缶（400g）
カリフラワー	大½個
かぶ	小4個
オリーブ油	大さじ2
B ─ 玉ねぎ（みじん切り）	1個分
└ にんにく（みじん切り）	1かけ分
C ─ 水	2カップ
├ チキンコンソメのもと	1個
├ 白ワイン	½カップ
├ カレー粉	大さじ½
├ 塩	小さじ½
├ こしょう	少々
└ ローリエ	1枚
塩、こしょう、カレー粉	各少々

1　いわしは頭を落として2等分し、わたを抜いて血合いを洗い、塩水に10分浸して水気をふき、Aをからめる（a）。

2　カリフラワーは小房に分ける。かぶは葉を少し残して切り落とし、汚れを洗って皮をむく。

3　なべにオリーブ油を入れて火にかけ、Bの野菜を蒸らしいため☆にして、トマトの水煮とCを加えてよく煮立てる。

4　カリフラワーを加え、ふたをして5分煮、水気をきったいわし（b）、かぶを入れて10〜15分煮る、塩、こしょう、カレー粉で味を調え、器に盛る。

☆蒸らしいためは55ページ参照

鯛のあら煮

加熱時間 **15分** ▶ 放置時間 **5〜10分**

大きく切ったあらが、沸騰させてから10分煮るだけでしっとりと煮上がります。
ごぼうがかたいときには、もう少し煮てから盛りつけます。

材料：4人分　口径24cmのラウンド

鯛のあら（ぶつ切り）………600〜800g
ごぼう………………………1本（150g）
しょうが（太いせん切り）………2かけ分
A ┌ 酒……………………………½カップ
　│ しょうゆ、みりん………各大さじ4
　└ 砂糖………………………大さじ2
木の芽………………………………適宜

1 ごぼうは5cm長さの四つ割りにし、水にさらして水気をきる。

2 鯛はさっと熱湯に通して、氷水にとり、血合いや残ったうろこを取って(a)、水気をふく。

3 なべに2とごぼう、しょうがを入れ、Aを加えて(b)、中火で煮立てる。

4 ふたをして中火で5分煮、中火弱にして5分煮る。火を止めて5〜10分おく。

5 器に鯛を盛り、ごぼうを添えて、煮汁を中火で煮つめてからかける。木の芽を添えて。

牛すねポトフー

加熱時間 **1**時間**30**分 ▶ 放置時間 **30**分

さらりとしてうまみの濃いスープがとれる牛すね肉で作ります。
加える野菜はお好みでかまいませんし、蓮根やごぼうもおすすめです。

材料：4～6人分
口径27cmのオーバル
または口径24cmのラウンド

- 牛すね肉（塊。
  4等分に切ってたこ糸で縛る）⋯800g
- にんじん（縦半分に切る）⋯⋯⋯1～2本分
- 玉ねぎ（縦半分に切る）⋯⋯⋯1～2個分
- キャベツ（縦に4等分する）⋯⋯小½個分
- セロリ（筋を取って4等分する）
  ⋯⋯⋯⋯⋯⋯⋯⋯⋯⋯⋯大1本分

A ┌ 水⋯⋯⋯⋯⋯⋯⋯⋯⋯⋯⋯5カップ
　├ 酒⋯⋯⋯⋯⋯⋯⋯⋯⋯⋯⋯½カップ
　├ チキンコンソメのもと⋯⋯⋯⋯½個
　├ 塩⋯⋯⋯⋯⋯⋯⋯⋯⋯⋯⋯小さじ1
　└ 粒黒こしょう⋯⋯⋯⋯⋯⋯⋯少々

B ┌ セロリの軸⋯⋯⋯⋯⋯⋯⋯⋯1本分
　├ パセリの軸⋯⋯⋯⋯⋯⋯⋯⋯1本分
　└ ローリエ⋯⋯⋯⋯⋯⋯⋯⋯⋯1枚

- 塩⋯⋯⋯⋯⋯⋯⋯⋯⋯⋯⋯⋯⋯適宜
- 粒マスタード⋯⋯⋯⋯⋯⋯⋯⋯⋯適宜

1 牛すね肉はさっと下ゆでして洗い、水気をきる。

2 なべに**1**とA、Bを入れて煮立て、あくをよく取って（写真）ふたをし、ごく弱火で1時間煮、火を止めて30分おく。

3 **2**を再び火にかけ、にんじん、玉ねぎ、セロリを入れ、キャベツをのせて煮立て、ふたをして中火弱で5分、弱火で20分煮る。塩で調味し、食べやすく切って器に盛り、粒マスタードを添える。

獅子頭(シーヅトウ) | 加熱時間25分

大きな肉だんごを獅子の頭に見立てた中国料理。
肉だんごは焼いてから野菜とスープを加えて煮込みます。
白菜やたけのこなど野菜もたっぷり加わり、体が温まるなべ物です。

材料：4人分　口径27cmのオーバル

- 豚ひき肉（赤身）……………………400g
- A
  - 卵……………………………………1個
  - しょうが汁………………………1かけ分
  - 塩……………………………………小さじ1/3
  - しょうゆ……………………………小さじ1
  - 長ねぎ（みじん切り）………5cm長さ分
  - 水……………………………………大さじ2
  - 酒、かたくり粉……………各大さじ1
- 白菜（5×10cmに切る）……400～500g
- 長ねぎ（斜めぶつ切り）…………1本分
- 干ししいたけ（水でもどす）…………4枚
- 春雨（熱湯につけてもどす）…50g（乾燥）
- ゆでたけのこ（くし形に切って下ゆで）
  ……………………………………100g
- ごま油………………………………大さじ1
- B
  - 水……………………………………5カップ
  - 鶏ガラスープのもと………小さじ1
  - オイスターソース………………小さじ1
  - 塩……………………………………小さじ1/2
  - 紹興酒、しょうゆ………各大さじ2
  - こしょう……………………………少々

1 豚ひき肉にAを加え、同じ方向に手でよく練り混ぜてから、空気を抜き、一つにまとめる。

2 なべにごま油を入れて火にかけて熱し、1の肉だんごを入れて3分焼く。焼き色がついたら返して、脇に長ねぎを加えて焼き、白菜、そぎ切りにしたしいたけ、たけのこ、Bを加えて煮立て、ふたをして弱火で10～12分煮る。

3 春雨を加えてさっと煮、肉だんごをくずしていただく。

もつ煮

加熱時間 **2時間** ▶ 放置時間 **20分**

鮮度のいいもつで作るとおいしさは抜群！
酒をたっぷり加えてやわらかく煮て、みそで味つけします。

材料：6人分　口径24cmのラウンド

牛の生もつ（小腸、しま腸など合わせて）	600g
じゃがいも	3個
玉ねぎ	大1個
大根	8cm長さ
こんにゃく（下ゆで済みのもの）	1枚
長ねぎ（1cm幅のぶつ切り）	1本分

A ┌ しょうが（すりおろす）……1かけ分
　├ にんにく（すりおろす）……1かけ分
　├ 酒、だし汁……各1カップ
　├ みりん……大さじ1
　└ 水……3カップ

赤みそ……大さじ2
信州みそ……大さじ4
七味とうがらし……適宜

＊生のもつは少量しか出回らないので、肉売り場できくか、注文をしておくといい。ゆでもつの場合は400gを用意し、下ゆでして使う。

1　牛もつは下ゆでして、よく水で洗って水気をきる。

2　なべに**1**とAを加えて中火にかけ、煮立ったらあくをすくい、ふたをして弱火で1時間半煮、火を止めて20分おく。

3　こんにゃくはちぎり、じゃがいもは八つ割り、大根はいちょう切り、玉ねぎは5mm幅に切る。

4　**2**に**3**を入れて煮立て、みその半量を煮汁に溶き入れて（写真）、ふたをしてごく弱火で15分煮る。長ねぎ、残りのみそを加えてさっと煮て器によそい、七味とうがらしをふる。

牛すじ大根

加熱時間約**2**時間 ▶ 放置時間**20**分

とろりと煮えた牛すじ肉とそのうまみを含んだ大根の絶妙な取合せで、ご飯もお酒もすすみます。

材料：4人分　口径24cmのラウンド

- 牛すじ肉 …………………………… 500g
- 大根 ………………………………… ½本
- 油 …………………………………… 大さじ2
- A
  - 長ねぎ（青い部分） ……………… 1本分
  - しょうが（皮つきのまま薄切り） … 2かけ分
  - 水 ………………………………… 2カップ
  - だし汁 …………………………… 1カップ
  - 酒 ………………………………… 1カップ
- B
  - しょうゆ、みりん ……… 各大さじ4
- 九条ねぎ …………………………… 2本
- 黒七味または七味とうがらし ……… 適宜

1　牛すじ肉は1分ほど下ゆでして水で洗い、水気をきって大きいものは切る。

2　なべに**1**を入れ、Aを加えて煮立て、ふたをして弱火で1時間半煮る。火を止めて20分おく（a）。

3　大根は大きくそぐように切って、油をひいたフライパンでいため、こんがり焼けたら油分をふく。

4　**2**のなべにBを入れて煮立て、**3**を加えて（b）20〜30分、ふたをして弱火で煮る。

5　器に盛り、斜めに切ってさらしたねぎ、黒七味をふる。

根菜のラタトゥイユ

加熱時間**30**分 ▶ 放置時間**5**分

常備菜にぴったりの一品。トマトの水煮をよく煮つめてからいためた根菜に加えると、トマトのうまみが増して酸味もほどよくなります。根菜からは水分が出ないので時間がたってもおいしくいただけます。

材料：4人分　口径24cmのラウンド

ごぼう	1/2本(80g)
蓮根、にんじん	各150g
さつまいも	1本(200g)
にんにく(半分に切る)	1かけ分
玉ねぎ(2cm角に切る)	1/2個分
トマト(水煮缶詰)	1缶(400g)
バジル(乾燥)	小さじ1
オリーブ油	大さじ3
塩、こしょう	各適宜
A［ 酒	大さじ2
チキンコンソメのもと	1/2個

1 にんじんは乱切りにする。ごぼうは5mm幅の斜め切り、さつまいもは乱切りにして、それぞれ水にさらす。蓮根は乱切りにして酢水(分量外)にさらす。すべて水気をきる。

2 なべにトマトの水煮を入れて中火にかけ、5分煮つめて酸味を飛ばす。一度取り出して、なべを洗う。

3 なべにオリーブ油を入れて火にかけ、にんにく、玉ねぎ、ごぼう、蓮根、にんじん、さつまいもを順に加えていためる。Aを加えて(a)ふたをし、ごく弱火で15分、ときどき混ぜながら煮て、火を止めて5分おく。

4 **3**を再び火にかけて**2**を加え、塩小さじ1 1/2、こしょう少々で調味し、バジルを加え(b)、3分ほど煮る。

夏野菜のオイル蒸し煮

加熱時間15分

少し多めのオリーブ油で軽く蒸し煮にします。
野菜の自然な甘さが引き出され、スパイシーなウィンナーとよく合います。

材料：4人分　口径24cmのラウンド
玉ねぎ（くし形切り）……………1個分
赤パプリカ、黄パプリカ
　（それぞれ2cm幅に切る）……各½個分
さやいんげん（へたを落とす）……100g
なす（4～6等分のくし形に切り、
　塩水につける）………………2個分
粗びきポークウィンナーソーセージ
　………………………大4本（200g）
赤とうがらし……………………………2本
オリーブ油………………………大さじ3
塩、こしょう……………………各適宜

1　なべに油を入れて火にかけ、玉ねぎの断面を焼き、水気をきったなす、いんげんを加えてよくいためる。

2　1にパプリカ、赤とうがらし、塩小さじ⅔を入れて混ぜたらウィンナーを加えてふたをし、途中混ぜながら10分蒸し煮にする。

3　塩、こしょうをして味を調え、器に盛る。

ごろごろ肉じゃが

加熱時間 30～32分 ▶ 放置時間 10分

丸のままのじゃがいもを味わいます。煮上がってから火を止めて10分おくと、じゃがいもに完全に火が通り、味もしみ込んでさらにおいしくなります。

材料：4人分　口径22cmのラウンド

じゃがいも（皮をむいて水にさらす）
　……………6～7個（正味600～700g）
牛薄切り肉（大きめに切る）………200g
玉ねぎ（くし形切り）………………1個分
油………………………………………大さじ1
A ┌ しょうゆ、砂糖…………各大さじ3
　└ 酒、だし汁………………各大さじ4

1 なべに油を入れて中火にかけ、水気をきったじゃがいもをよくいためて（a）、取り出す。

2 1のなべにAを入れて中火にかける。牛肉を入れてさっと煮てあくをすくい、じゃがいもをなべに戻す。一混ぜして玉ねぎを加え（b）、煮立ったらふたをして中火弱で10分、上下を返して、弱火で10～12分煮る。

3 火を止めて10分おき、じゃがいもに火が通ったら軽く混ぜて器に盛る。

里芋の煮物

加熱時間 25分 ▶ 放置時間 10分

健康効果のある里芋のぬめりを程よく生かすため、丸のまま下ゆでせずに煮上げます。

材料：4人分　口径22cmのラウンド

里芋（大）……………1kg（正味600g）
塩……………………………小さじ1
A ┌ だし汁…………………¾カップ
　└ 砂糖、酒、しょうゆ……各大さじ2
ゆずの皮………………………少々

1 里芋は洗ってざるに上げ、乾かす。天地を落として皮を厚くむき、塩でよくもんで（a）、ぬめりを流水で洗って水気をきる。

2 なべにクッキングシートを丸く切って敷く。Aと**1**を順に加えて中火で煮立て、全体を混ぜる。ふたをして中火弱で10分煮て上下を返し、ふたをして弱火で10分煮る（b）。

3 火を止めて10分おく。芋に少し割れ目ができたら火が通った証拠。

4 器に盛り、ゆずの皮をせん切りにして添える。

＊里芋のようにやわらかな食材は、クッキングシートを敷くとなべ肌にくっつかずにきれいに煮ることができる。

蒸焼き

黒マットエマイユ加工を施したざらざらとしたなべ肌は、食材との接点が少なく、油なじみもいいので、肉がかりっとよく焼けます。ふたをして〝蒸焼き〟にすると、さらに短時間で火が通ってジューシーに仕上がります。肉のほか魚介や野菜にもおすすめの調理法です。

1　豚肉は水気をふいてたこ糸を巻く。Aを清潔な手ですり込んで保存袋に入れ(a)、途中で上下を返しながら1〜3日冷蔵庫におく。

2　ペコロスは皮をむく。ポテトとキャロットはよく洗って水気をふく。野菜をボウルに入れてBをからめる。

3　1を焼く1時間前に冷蔵庫から出し、室温に戻す。なべにオリーブ油とにんにくを入れて熱し、水気をふいた豚肉を入れて全体を中火で焼きつける(b)。

4　3の肉のまわりに2のポテト、ペコロス、キャロットの順に加えて(c)、シェリー酒1/2カップをふり入れ、ローリエをのせてふたをして弱火で25分蒸焼きにして、途中、上下を返す。火を止めて10分放置して完全に火を通す。

5　4の肉を取り出して食べやすく切って器に盛り、野菜を添える。残った煮汁の脂を取って残りのシェリー酒を加え、さっと煮立てて煮つめて塩、粗びき黒こしょうで味を調え、ソースとして添える。

塩豚と野菜の蒸焼き
加熱時間35分　放置時間10分

約1.5パーセントの塩とその半量の砂糖をなじませた豚肉を使います。しっとり焼けた豚肉と、そのうまみを含んだ野菜のおいしさをぜひ味わってください。

材料：4人分　口径22cmのラウンド

豚肩ロース肉(塊)……………1本(500g)
A ┌ 塩……………………………小さじ1 1/2
　├ 砂糖…………………………小さじ1弱
　└ 粗びき黒こしょう………………少々
ベビーポテト……………………………8個
ベビーキャロット……………………4〜8本
ペコロス………………………………4〜8個
B ┌ オリーブ油…………………大さじ1/2
　├ 塩……………………………小さじ1/3
　└ 粗びき黒こしょう………………少々
にんにく(半分に切ってつぶす)……2かけ分
ローリエ………………………………3〜5枚
シェリー酒(または白ワイン)……3/4カップ
オリーブ油……………………………大さじ1
塩、粗びき黒こしょう………………各少々

野菜を加えずに肉を倍量にして焼いてもいい。保存は冷蔵で3日間。食べやすく切っていただくのはもちろん、サンドイッチの具や、スープやチャーハンに加えてと応用自在。

鴨ロースの蒸焼き

加熱時間8分 ▶ 放置時間5分

皮をこんがり焼いて余分な脂を落とし、
蒸焼きにしてからもう一度皮をかりっと焼いて仕上げます。
切り口がロゼに仕上がっていれば大成功です。

材料：2枚分　口径24cmのラウンド

鴨ロース肉	2枚（500g）
塩	小さじ1½
粗びき黒こしょう	少々
A ┌ 粉がらし	大さじ1
├ 塩	小さじ⅔
└ ぬるま湯	大さじ1弱
すだち	2個

1 鴨肉は室温に戻し、膜や筋を取って皮に格子状の切れ目を入れる。塩を皮にやや多めにこすりつけ、両面にこしょうをふる。

2 なべを中火で熱し、鴨を皮側から入れて、出てくる脂をふき取りながら4分焼き、身を返して余分な脂をふき取る（写真）。ふたをして中火で1分焼き、火を止めて5分放置して、火を通す。

3 ふたを取って中火にかけ、鴨の皮目を1分ほどかりっと焼く。なべから取り出しアルミフォイルに包んで10分おく。

4 3をスライスして器に盛り、混ぜたAとすだちを添える。

ステーキサラダ

加熱時間 6〜8分 ▶ 放置時間 1〜3分

上等な牛肉をこんがりと蒸焼きにしてサラダ仕立てに。
熱伝導がよく、加熱むらのできない「ストウブ」だから、
肉のおいしさを最大限に引き出してくれます。

材料：4人分　口径24cmのラウンド

牛もも肉（ステーキ用。2cm厚さ）	1〜2枚（300〜400g）
塩	小さじ1弱
粗びき黒こしょう	少々
にんにく（半分に切って軽くつぶす）	2〜3かけ分
オリーブ油	大さじ1
クレソン	2束
グリーンリーフ	100g
マッシュルーム	1パック
レモン汁	少々
A　玉ねぎ（すりおろす）	大さじ1/2
オリーブ油	大さじ1
ぽん酢しょうゆ	大さじ2
こしょう	少々

＊肉の厚さによって加熱と放置の時間を加減する。
アルミフォイルに包むのは肉汁をとじ込めるため。

1　牛肉は室温に戻して塩、こしょうをすり込む。

2　なべににんにくと油を入れて中火にかけ、**1**の肉を入れて1分半焼き、返して1分半焼く。火を止めてにんにくの上に肉をのせ、ふたをして（写真）余熱で1〜3分、好みの加減に火を通す。アルミフォイルに包んで20〜30分おく。

3　クレソンとグリーンリーフは葉をちぎり、共に冷水に放して水気をふく。マッシュルームは3mm幅に切り、レモン汁をかける。

4　Aに**2**の肉汁を混ぜてドレッシングを作る。牛肉はそぎ切りにして野菜と盛り合わせ、ドレッシングをかける。

鶏もも肉の蒸焼き | 加熱時間28分

火の通りにくい骨つき肉にしっかりと火を通しながら、身はふっくらと焼き上げます。野菜はにんじんやブロッコリーでもOK。

材料：4人分　口径24cmのラウンド

骨つき鶏もも肉	大2本(600g)
A ┌ 塩	小さじ1強
└ 粗びき黒こしょう	少々
ベビーポテト(塩少々とオリーブ油大さじ1をまぶす)	300g
ローズマリー	2本
にんにく(皮つき)	2かけ
オリーブ油	大さじ1
白ワイン	大さじ3

1 鶏肉は骨に沿って切れ目を入れ、関節で二つに切り、Aで下味をつけ(a)、10分したら水気をふく。

2 なべにオリーブ油を入れて中火にかけ、1の鶏肉の皮目をこんがりと焼いて身を返し(b)、焼きながら余分な脂をふく。焼き目がついたら白ワインを入れて煮立て、ポテト、にんにく、ローズマリーを加えてふたをし(c)、弱火で10分蒸焼きにし、ポテトの上下を返して10～15分加熱する。

3 器に盛り、にんにくの皮をむいて鶏肉につけていただく。

かじきの蒸焼き ビネガー風味 |加熱時間12〜14分

魚の切り身も表面をよく焼きつけてから、
ふたをするとうまみが封じ込められ、しっとりと焼き上がります。

材料：4人分
口径24cmのラウンド

かじき	大4切れ(500〜600g)
塩	小さじ1強
粗びき黒こしょう	少々
オリーブ油	大さじ1½
にんにく(つぶす)	1かけ
ミニトマト(シシリアンルージュなど)	1パック
白ワインビネガー	大さじ2
ルッコラ	適宜

1 かじきの両面に塩、こしょうをして10分おき、水気をふく。

2 なべに油とにんにくを入れて強めの中火にかけ、かじきを2切れ並べて、両面をかりっと焼いて(a)、取り出す。途中でにんにくを取り出し、残りの2切れも同様に焼く。

3 最初に焼いたかじきを戻し、へたを取ったミニトマト、ビネガーを加えて(b)ふたをし、1〜2分蒸焼きにする。

4 かじきを先に器に盛り、ミニトマトはふたをして1〜2分蒸焼きにしてから塩少々(分量外)をふり、かじきにのせてルッコラを添える。

なすのみそグラタン | 加熱時間14分

なすの田楽を洋風にアレンジ。米なすを半分に切ってじっくり蒸焼きにして、やわらかくなったら赤みそだれとチーズをのせてとかします。

材料：2人分　口径22cmのラウンド

米なす	1個（300〜350g）
油	大さじ3〜4
酒	大さじ1
A［赤みそ、砂糖、みりん	各大さじ1½〜2
モッツァレラチーズ（5mm幅に切る）	½個分（60g）
青じそ（せん切り）	適宜

1　ボウルにAを入れて混ぜ、ラップフィルムをかけて600Wの電子レンジで、約40秒加熱する。

2　なすはへたを少し落として縦半分に切り、切り口から皮に沿って切れ目を入れ、表面に格子状の切れ目を入れる（a）。底になる部分の皮を少し切り落として平らにする。

3　なべに油を入れて中火で熱し、切り口を下にして入れ、中火弱で6分焼く（b）。身を返して酒をふり、ふたをして3分焼く。Aとチーズをのせてふたをし、さらに3分焼く。器に盛り、好みで青じそをのせる。

蓮根のチーズ焼き | 加熱時間 7〜10分

太い棒状に切った蓮根を好みのかたさに蒸焼きに。
アンチョビーやチーズの塩気で味つけは完了です。

材料：4人分　口径22cmのラウンド

蓮根……………小3節（400g）（酢少々）
オリーブ油………………………大さじ1
にんにく（つぶす）………………1かけ分
アンチョビー（みじん切り）………2枚分
グリュイエールチーズ（スライスする）
　………………………………………80g
粗びき黒こしょう………………………少々

1　蓮根は皮をむき、節ごとに1.5cm角の棒状に切り、酢水に放して水気をふく。

2　なべにオリーブ油とにんにくを入れて中火にかけ、蓮根を加えて中火弱にし、ふたをして、ときどき混ぜながら5〜8分、好みの加減に火を通す。

3　**2**に粗びき黒こしょうとアンチョビーを混ぜ、チーズをのせて（写真）、ふたをして2分蒸焼きにする。仕上げにもこしょうをふる。

＊アンチョビーの代りにウィンナーソーセージやベーコンでも。その場合は塩を加える。
＊グリュイエールチーズの代りにピザ用のチーズでも。

加熱時間 12分 ▶ 放置時間 5〜10分

キャベツとベーコンの蒸焼き

焼き目のついたキャベツのうまみを存分に味わいます。
ナイフとフォークで召し上がれ。

材料：2人分
口径24cmのラウンド

キャベツ	1/4個
ベーコン（1cm幅に切る）	2枚分
塩	少々
オリーブ油	大さじ1/2

1 キャベツは芯をつけたまま二つに切り分け、芯を少しそぐ。
2 なべにオリーブ油を入れて火にかけ、ベーコンをかりっと焼いて取り出す。
3 キャベツを**2**に並べ入れ、塩をふってふたをする。弱火で5分焼き、返してふたをして（写真）5分焼く。火を止めて5〜10分おき、好みの加減に火を通して皿に盛り、ベーコンを散らす。

加熱時間 7分

かぶの蒸焼き

少しかための食感に仕上げていますが、
お好みで加熱時間を増やしても。

材料：2〜3人分
口径24cmのラウンド

かぶ	小5〜6個
塩	小さじ1/2強
オリーブ油	大さじ1
バルサミコ	適宜

1 かぶは葉を切り落として皮ごと横半分に切る。3株分の葉は3cm長さに切る。
2 なべにオリーブ油を入れて中火にかけ、かぶの両面をこんがりと焼く。葉を加えて（写真）ふたをし、弱火で2〜3分蒸焼きにする。塩で調味し、器に盛って、バルサミコをかけていただく。

＊バルサミコは電子レンジにかけると、とろっとしておいしい。大さじ1なら600Wで20秒。
＊残ったかぶの葉はソテーにしたり、刻んで浅漬けに。

加熱時間 **7〜8**分
そら豆の蒸焼き
食卓でさやと薄皮をむきながらいただきます。
人が集まる日のおつまみにもぴったり。

材料：3〜4人分
口径27cmのオーバル
そら豆（さやつき）………1パック（10本）
塩………………………………………適宜

1 そら豆は洗って水のついたまま、なべに一列に並べる。
2 ふたをし（写真）、中火にかけて7〜8分、途中弱めの中火にして全体の色が鮮やかになるまで蒸焼きにし、好みで塩などを添えていただく。

加熱時間 **9〜12**分
トマトの蒸焼き
さまざまなトマトを加えて風味に変化をつけます。
トマトの蒸焼きはくずして魚や肉のソースにしても。

材料：2〜3人分
口径24cmのラウンド
トマト（中、小を数種類合わせて）
………………………………………600g
オリーブ油………………………大さじ2
塩…………………………………小さじ½
岩塩………………………………………適宜

1 中粒のトマトはへたをそぐように取り、小粒はへただけ取る。
2 なべにオリーブ油を熱して、中粒トマトのへた側を上にして並べ、ふたをして3分焼く。上下を返して小粒トマトを加え（写真）、塩をふって、ふたをして5〜8分蒸焼きにする。
3 皿に盛り、あれば岩塩の粒をふりかけていただく。

加熱時間 **11**分 ▶ 放置時間 **5**分
玉ねぎの蒸焼き アンチョビーソース
厚切りの玉ねぎをこんがりと蒸焼きにして
濃厚な甘みを引き出します。

材料：2～3人分
口径27cmのオーバル
玉ねぎ(白、赤を合わせて)………小3個
オリーブ油………………………大さじ½
塩…………………………………少々
A ┌ オリーブ油………………………大さじ1
  │ アンチョビー(みじん切り)……2枚分
  │ にんにく(すりおろす)…………少々
  └ 粗びき黒こしょう………………少々

1 なべに油を中火で熱し、横半分に切った玉ねぎを並べ、ふたをして中火弱で4分焼き、返して軽く塩をふり、ふたをして(写真)弱火で5分焼き、火を止めて5分おいて、皿に盛る。
2 Aは耐熱カップに入れてラップフィルムをし、600Wの電子レンジに20秒かける。これを**1**にかけていただく。

加熱時間 **4～5**分
きのこの蒸焼き
あっという間にできるので、
今すぐもう一品欲しいというときにぴったり。

材料：4人分
口径24cmのラウンド
しいたけ、マッシュルーム(大)、
　エリンギ、しめじ……………各1パック
オリーブ油………………………大さじ1
バター……………………………大さじ2
塩…………………………………小さじ½
粗びき黒こしょう………………少々
万能ねぎ(小口切り)……………2本分

1 しいたけ、マッシュルームは石づきを取り、縦半分に切る。エリンギは縦半分に裂き、しめじは小房にほぐす。
2 なべにオリーブ油を熱し、しめじ以外のきのこを加え、バター大さじ1を足して切り口を焼く。しめじと塩(写真)、残りのバターを加えて焼きつけ、ふたをして強めの中火で約1分加熱する。こしょうをして皿に盛り、万能ねぎをふる。

＊好みでしょうゆを少量かけても。

加熱時間 **3〜4**分

グリーンアスパラガスの目玉焼きのせ
ゆでるよりぐっとうまみが増します。
半熟の目玉焼きをからめて召し上がれ。

材料：2人分
口径27cmのオーバル

グリーンアスパラガス	大8〜10本
塩	少々
卵	1個
オリーブ油	大さじ1⅓
粗びき黒こしょう	少々
パルミジャーノ・レッジャーノ（おろす）	適宜

1 アスパラガスは根元3cmを切り落とし、かたい皮の部分をピーラーでむく。
2 なべにオリーブ油大さじ1を入れて火にかけ、1を色よく焼いて（写真）塩をふり、ふたをして30秒〜1分蒸焼きにして、皿に盛る。
3 フライパンに残りの油をひいて半熟の目玉焼きを作り、アスパラガスにのせる。チーズ、こしょうをふり、卵をからめながらいただく。

加熱時間 **5**分 ▶ 放置時間 **2〜3**分

ピーマンの蒸焼き かつお節あえ
少し焦げ目がつくくらい、
こんがりと焼きつけたピーマンのおいしさは格別。

材料：4人分
口径22cmのラウンド

カラーピーマン（またはピーマン）	12個
ごま油（またはオリーブ油）	大さじ1
削りがつお	1パック
しょうゆ	大さじ1
塩	少々

1 ピーマンは指でへたを押し、へたと種を抜き取る。
2 なべに油を中火で熱し、1をさっといため（写真）、ふたをして弱火で3分ほど蒸焼きにし、火を止めて2〜3分、好みの加減まで火を通す。
3 2に削りがつお½量としょうゆ、塩を混ぜ、器に盛って、残りの削りがつおをふりかける。

［じか蒸し］

なべに食材を入れ、必要最小限の水分や調味料を加えて蒸します。「ストウブ」は熱効率がよく、いったん沸騰すれば弱火でも蒸気が効率よく循環して短時間で蒸せるので、肉、魚介、野菜とどんな素材の持ち味でも充分に引き出して、しかも栄養を逃しません。ヘルシーな蒸し物を、一日一品食卓に登場させてはいかがでしょうか。

蒸しがき　加熱時間 **10**分

なべに傷をつけないようにクッキングシートを敷いてから、
殻つきのかきをさっと蒸します。かきは岩がきでも真がきでもお好みで。
かきのうまみがぎゅっと凝縮されて、
一味違ったおいしさに出会えます。レモン汁やトマトソースで召し上がれ。

材料：4人分
口径27cmのオーバル、
　　または口径24cmのラウンド
岩がき（殻つき）……………………特大4個
水……………………………………½カップ
レモン、トマトソース……………各適宜

1　かきは殻をたわしでよく洗い(a)、水気をきる。
2　なべにクッキングシートを敷き、かきの平らなほうを上にして並べ、分量の水を加えてふたをずらしてのせ、強めの中火にかける。蒸気が上がったらふたをして中火弱で8分蒸す(b)。
3　かきの殻の間にナイフを入れて開け(c)、レモン汁かトマトソースをかけていただく。

＊殻で手を切らないよう注意する。開けにくいときは、傾けて汁が滴るところにナイフを入れる。
＊中粒のかきの場合は4〜6分を目安に蒸す。

トマトソース
トマトの角切り½個分(70g)に、玉ねぎのみじん切り大さじ1、オリーブ油、レモン汁各大さじ½、うす口しょうゆ小さじ½、粗びき黒こしょう少々を混ぜる。

かきのオイル漬け

蒸しがきはさっと調味してオイル漬けにすると、
1週間の冷蔵保存ができます。ワインにとてもよく合います。

1　なべに蒸しがき中8粒、酒大さじ1を入れてふたをして1分煮、オイスターソース小さじ1を加えて、汁がなくなるまで煮つめる（写真）。
2　冷めたら保存瓶に入れ、にんにくの薄切り少々、赤とうがらし1本、ローリエ小1枚を加え、油とオリーブ油を半量ずつ上まで注いで冷蔵保存する。

＊残ったオイルはパスタなどに使う。

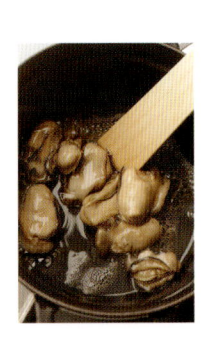

撮影協力　グレイト・オイスター

加熱時間 5〜6分

あさりの酒蒸し 香菜風味

あさりの塩気に酒と香菜の風味でいただきます。
出てきたスープもすくって、あるいはパンにつけてどうぞ。

材料：4人分　口径22cmのラウンド

あさり（殻つき）	400g
酒	大さじ2
にんにく（みじん切り）	小1かけ分
香菜	2株
オリーブ油	大さじ½
塩	適宜

1 あさりはバットに入れ、塩水（塩小さじ1＋水1カップの割合）に浸してアルミフォイルで覆い（a）、冷蔵庫におく。30分以上たったら流水でこすり洗いをし、水気をきる。

2 香菜の軸を5mm幅に切る。葉は大きめにちぎる。

3 なべを中火にかけ、油とにんにくを入れていため、香菜の軸、あさりを加えて、酒をふってふたをし（b）、中火のまま2〜3分蒸す。

4 殻の開かないものを除いて汁ごと器に盛り、香菜の葉を添える。

加熱時間 **5〜6分** ▶ 放置時間 **2分**

いかとブロッコリーの韓国風あえ物

さっと蒸したいかは、それはやわらか。
コチュジャンだれであえるとご飯にもビールにもぴったりです。

材料：4人分　口径27cmのオーバル、または口径24cmのラウンド

するめいか（生）……………………2はい
ブロッコリー（軸をつけて小房に切る）
　………………………………小1個
塩………………………………少々
長ねぎの青い部分……………2本分
酒………………………………大さじ3
A ┌ コチュジャン、白すりごま
　│　………………………各大さじ1
　│ 酢、砂糖、しょうゆ……各大さじ½
　└ みそ……………………………小さじ1

1 いかは足を引き抜いてわたと軟骨を取る。足はわたを切り離して食べやすく切る。

2 ブロッコリーは水に放してざるに上げ、塩をまぶす。

3 なべに長ねぎを置いて、上にいかをえんぺらを下にしてのせる。まわりにいかの足とブロッコリーを加えて酒をふり(a)、ふたをして中火にかける。

4 シューッと蒸気が出たらふたを開け、いかの胴を裏返してふたをし、弱火で1分蒸し、火を止めて2分おく(b)。いかとブロッコリーを取り出す。

5 いかの胴を2cm幅に切って、足、ブロッコリーと共にAをからめて器に盛る。

＊ブロッコリーがかたいときは、いかを取り出してから1分蒸す。

白菜と豚バラ肉の重ね蒸し

加熱時間 25～35分

四つ割りにした白菜の葉の間に豚バラ肉を差し込み、
貝柱の缶詰を加えて蒸します。うまみを含んだ白菜のおいしさを、シンプルに味わって。

材料：4人分　口径27cmのオーバル

- 白菜 ………………………… 小½個（約1kg）
- 豚バラ肉（薄切り）………………… 400g
- 塩 ……………………………………… 小さじ1
- 帆立貝柱（缶詰）…………… 小1缶（70g）
- しょうが（薄切り）……………… 2、3枚
- A
  - 酒 …………………………………… ½カップ
  - 水 …………………………………… ½カップ
- B
  - うす口しょうゆ ………………… 小さじ1
  - 塩 …………………………………………… 少々
- 粗びき黒こしょう …………………………… 少々
- レモン ………………………………………… 適宜

1 白菜は縦半分に切り、芯の厚いところを切り落として、洗って水気をきる。豚肉は長さを3等分にして塩をまぶす。

2 1の葉の間に3～4か所、肉をはさみ込む。これをなべに入れ（写真）、帆立貝柱を汁ごととしょうがをのせ、Aを入れてふたをし、中火にかける。煮立ったら弱火にし、20～30分好みの加減まで火を通す。

3 食べやすく切って器に盛り、煮汁をBで調味したものをかける。黒こしょうをふり、レモンを添える。

＊レモンの代りにゆずやすだちでも。

棒棒鶏(バンバンジー)

加熱時間 15〜18分 ▶ 放置時間30分

鶏肉を蒸した後に冷えるまで放置することで、身をやわらかく仕上げます。

材料：4人分　口径22cmのラウンド

鶏胸肉	小2枚(400g)
A 塩	小さじ½
砂糖	小さじ½
酒	大さじ1
長ねぎ(ぶつ切り)	1本分
しょうが(薄切り)	4枚
水	½カップ
きゅうり(すりこぎでたたいて割る)	2本分

長ねぎ(みじん切り)	3cm長さ分
しょうが(みじん切り)	½かけ分
B 白練りごま	大さじ1
白すりごま	大さじ1
しょうゆ	大さじ1½
砂糖、酢	各大さじ½
赤とうがらし(小口切り)	½本分
ラー油	適宜

＊鶏肉を蒸した後には澄んだスープが出ているので、捨てずに汁物などに。

1 鶏肉はAをからめて袋に入れ、冷蔵庫に1時間から一晩おく。

2 なべに長ねぎの白い部分を並べて室温に戻した鶏肉をのせ、長ねぎの青い部分としょうがをのせて分量の水を加え、ふたをして中火にかける。沸騰したら弱火で12〜15分蒸す。火を止めて30分放置して冷ます。

3 器に蒸した長ねぎ、きゅうり、ほぐした鶏肉を盛り、よく混ぜたBをかける。

加熱時間 **6〜8分**
枝豆の蒸しゆで
少量の水で蒸すので、短時間で蒸し上がります。
たっぷりの湯を沸かす時間も手間も省けるエコクッキング！

材料：2〜3人分
口径22cmのラウンド

枝豆	1パック
水	大さじ4〜6
塩	適宜

1 枝豆は塩をまぶしてこすり洗いをし、洗って水気をきる。なべに入れて分量の水（蒸し時間が長いときは多めに入れる）をふり入れ（写真）、ふたをして中火にかける。

2 煮立ったら弱めの中火で4〜6分、好みの加減まで火を通す。塩をまぶして盛る。

加熱時間 **7〜8分**
大豆もやしのナムル
案外火の通し加減が難しいのが大豆もやし。
しゃきっとした歯ざわりを残すように蒸します。

材料：2人分
口径22cmのラウンド

小大豆もやし	1パック(200g)
水	½カップ
A 長ねぎ（みじん切り）	5cm長さ分
白すりごま	大さじ1
ごま油	小さじ1
にんにく（すりおろす）	少々
こしょう	少々
塩	小さじ¼

1 大豆もやしはひげ根を取り、よく洗ってなべに入れる。分量の水を加えて（写真）、ふたをして中火にかける。

2 煮立ったら弱火で5〜6分、好みの加減に火を通す。

3 ざるに上げて水気をきり、Aとよく混ぜる。

加熱時間 **15～16分**
かぼちゃの蒸しゆで ヨーグルトソース
蒸したての熱々をヨーグルトソースで。
かぼちゃが余ったらみそ汁やサラダに繰り回して。

材料：4人分
口径22cmのラウンド

かぼちゃ	1/4個（正味400g）
水	1/2カップ
A　マヨネーズ、プレーンヨーグルト	各大さじ2
メープルシロップ	小さじ1
塩、こしょう	各少々
くるみ（いって粗く刻む）	20g

1 かぼちゃは種とわたを取り、縦半分に切る。なべに分量の水を入れて、かぼちゃの皮目を下にして入れて（写真）ふたをして中火にかけ、煮立ったら弱火で12～13分火を通す。

2 半分に切って器に盛り、混ぜたAをかけてくるみを散らす。

加熱時間 **13～15分**
とうもろこしの蒸しゆで
皮つきのままのとうもろこしをごく少量の水で蒸して、自然な甘さを引き出します。

材料：2人分
口径27cmのオーバル

とうもろこし	2本
水	1/2カップ

1 とうもろこしは外皮を半分ほど取り、開いてひげ根を取ってよく洗い、元の形に戻す。

2 1をなべに入れ（写真）、分量の水を加えて中火にかけ、煮立ったら弱火で10～12分、蒸し煮にする。途中、上下を返す。外皮を取って器に盛る。

蒸籠蒸し
せいろ

「ストウブ」に蒸籠をのせて赤飯を炊いてみませんか。長時間蒸しても中火～強めの中火で充分な蒸気の上がる「ストウブ」なら光熱費を心配せずに作れます。また、充分な水を入れられるので途中でさし水をする必要もありません。茶碗蒸しもあわせて紹介します。

赤飯
作り方50ページ

赤飯には南天を添えます

南天は「難を転じる」といって、昔から赤飯につきもの。南天の葉には殺菌作用もあり、理にかなっているといえるでしょう。祝いの日の赤飯にはもちろん、ご近所に配ったり、行楽弁当にするときも、南天を添えて彩りとその効用を楽しんでください。行楽弁当は赤飯、いり鶏、卵焼きがそろえば立派なもの。いり鶏は4ページを参照してください。卵焼きの作り方は50ページ。

かにあんかけの茶碗蒸し
作り方51ページ

赤飯

加熱時間 50分～1時間10分

自家製の小豆の赤飯を食べて育ったので、今でも赤飯といえば小豆で作ります。大粒の大納言小豆がおすすめ。

材料：8～10人分
口径24cmのラウンドに台輪をのせ、せいろをのせる

- もち米 ………………………… 5合
- 大納言小豆（またはささげ）…… 3/4カップ
- 黒いりごま …………………… 大さじ2
- 塩 ……………………………… 大さじ1/2

1 小豆は洗う。浮いてくる豆や虫食いは捨てる。

2 小なべに小豆とたっぷりの水を入れて火にかけ、2～3分ゆでたらゆでこぼす。水2～3カップと小豆を小なべに入れて火にかけ、途中、小豆をすくいながら汁を空気にふれさせ(a)、20分ほどかためにゆでる。ゆで汁が足りなくなったら水を足す。

3 ゆで汁と小豆を分けて、ゆで汁は冷まし、水を加えて4カップにする。

4 もち米を洗ってざるに上げ、よく水気をきる。ボウルに米とゆで汁を入れて、4時間から一晩おく(b)。常に米が浸るようにする。

5 もち米をざるに上げて水気をきり、残った汁はとっておく。その間になべにたっぷりの熱湯を沸かす。

6 よく洗って水気を絞った蒸し布をぬらしたせいろに敷く。ここにもち米を入れて小豆をのせる(c)。5のなべの火を止めてふたを開け、なべにせいろ専用の台輪をのせてからせいろをのせる。蒸し布を包み込んでせいろのふたをして(d)、強めの中火にかける。

7 10分加熱したら火を止め、ふたと蒸し布を開いて、5のつけ汁を1/3カップほど全体に打つ(e)。蒸し布とふたをかぶせて、再び10分蒸したら同様につけ汁を打って、蒸し布とふたをかぶせて、再び強めの中火にかけ、20～40分、好みのかたさまで加熱する。

8 炊き上がったら盤台か大きめのボウルにとり、さっくりと混ぜて冷ます。

9 ごまをさっといって、冷めたら塩と混ぜて、赤飯に散らしていただく。

＊小豆を混ぜずにのせるのは、豆を割れにくくするため。
＊豆をやわらかくゆですぎたときは、途中で加えるか仕上げに加えて蒸すといい。
＊米の浸水は、暑い時期は冷蔵庫におく。
＊関東では割れやすい小豆ではなく、ささげを使うが、地方によって使う豆はさまざま。

卵焼き

材料：作りやすい分量

- 卵 ……………………………… 4個
- A
  - だし汁 ……………………… 大さじ2
  - 砂糖、みりん ……………… 各大さじ1
  - うす口しょうゆ …………… 小さじ1
  - 塩 …………………………… 少々
- 油 ……………………………… 適宜

1 卵をといてAを加えて混ぜる。

2 卵焼き器に油をなじませ、卵液の1/5～1/4量を入れて、焼いては巻くを繰り返し、最後まで焼く。

3 巻きすにとって形を整え、食べやすい大きさに切る。

かにあんかけの茶碗蒸し | 加熱時間 20分

茶碗蒸しは、なべに湯を張り、器ごと入れて作るじか蒸しでも作れますが、
器が取り出しやすく、"す"が入りにくいのでせいろが一番。
卵に3倍のだし汁を加えてとろとろに仕立てる配合で紹介しましょう。

材料：4人分
口径24cmのラウンドに台輪をのせ、せいろをのせる

- 卵 ……………………………… 3個
- A
  - だし汁 ……………………… 450ml
  - 塩 ………………………… 小さじ1/2
  - 酒、みりん ………………… 各大さじ1/2
- しいたけ(薄切り) …………… 1〜2枚分
- B
  - だし汁 ……………………… 1カップ
  - 酒 …………………………… 大さじ1
  - うす口しょうゆ …………… 小さじ1
  - 塩 ……………………………… 少々
  - かたくり粉 ……………… 大さじ1/2
- かにの身(ゆでたもの) …………… 50g
- 切り三つ葉 ……………………… 少々
- しょうが(すりおろす) ………… 1かけ分

1 なべの1/3の高さまで水を入れて沸かす。Aを混ぜ合わせてとき卵に加えてよく混ぜ、こす。器に入れて、しいたけをのせる。せいろに入れてせいろのふたをし、強めの中火で2分、弱火にして12分蒸す。

2 小なべにBを入れて混ぜながら火にかける。とろみがついたら、ほぐしたかにを加えてさっと温め、**1**の茶碗蒸しにかけ、刻んだ三つ葉、おろししょうがを添える。

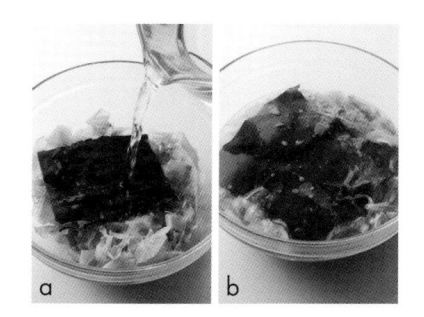

電子レンジで"だし汁"

だしをとりたいけれど、こんろの火口がふさがっている……そんなときは電子レンジの出番です。期待以上に濃厚なだしがとれますから、ぜひお試しください。

①耐熱ボウルに削りがつお20g、昆布10cm角を入れて、水5カップを注ぐ(a)。
②ラップフィルムをかけずに、600Wの電子レンジで8〜9分加熱する(b)。
③3分ほどおいてから、こす。

[米を炊く]

熱伝導にすぐれ、重いふたがぴたっと閉まる「ストウブ」でご飯を炊くとそれはおいしいものです。ふきこぼれを防ぐために、最初はわずかにふたを開けておき、沸騰を確認したらきちんとふたを閉める。それが大事なポイントです。洋風の炊込みご飯から紹介します。

鶏肉とあさりのパエリャ
作り方 54 ページ

オレンジとルッコラのサラダ
作り方 55 ページ

さつまいもとソーセージのカレーピラフ
作り方 54 ページ

かぶとにんじんのピクルス
作り方 55 ページ

加熱時間28分 ▶ 放置時間5〜10分

鶏肉とあさりのパエリャ

鶏肉にあさり、玉ねぎやトマトジュースと、うまみの出る素材に、
なつめを加えることで、甘みと酸味が加わって、より深い味わいに。

材料：4人分　口径24cmのラウンド

米	2合
鶏の手羽元	8〜10本
A　塩	小さじ2/3
こしょう	少々
あさり（砂抜きして殻を洗う）	250〜300g
B　玉ねぎ（みじん切り）	1個分（200g）
にんにく（みじん切り）	1かけ分
オリーブ油	大さじ3
カレー粉	小さじ1強
白ワイン	大さじ2
トマト野菜ジュース（有塩）	1缶（190g）
赤パプリカ	1個
C　熱湯	1・1/2カップ
干しなつめ	12個
サフラン	小さじ1
塩	小さじ1/2
レモン	1個

1 鶏肉は水気をふいてAをからめる。赤パプリカはへたと種を除いて縦1cm幅に切る。

2 Cを混ぜておく（a）。

3 なべにオリーブ油、Bを入れてふたをし、蒸らしいため（右ページ参照）にする。ここに鶏肉を加えていため、色が変わったら、カレー粉、あさり、白ワインを入れてふたをし、2分ほど蒸して、口の開いたあさりを取り出す（b）。

4 3に2とジュースを加えて煮立て、米を洗わずに加え（c）、なべ底を混ぜる。鶏肉を持ち上げて米がのらないよう平らにし、パプリカをのせてふたをする。

5 4を中火で1分、弱火で15分炊き、あさりを戻して、ふたをして火を止め、5〜10分好みの加減に蒸らす。レモンをしぼっていただく。

加熱時間16分 ▶ 放置時間10分

さつまいもとソーセージのカレーピラフ

米をいためずに作るピラフです。材料を加えて炊くだけなのでとても簡単。
さつまいもはボリュームが出るので、米2合で4人分です。

材料：4人分　口径20cmのラウンド

米	2合
さつまいも	小1本（150g）
しめじ	1パック（130g）
粗びきウインナーソーセージ	5本
玉ねぎ（みじん切り）	1/4個分
酒	大さじ2
カレー粉	小さじ1・1/2〜2
塩	小さじ1・1/4
こしょう	少々
バター	大さじ1・1/2

1 米は洗ってざるに上げ、30分おく。

2 さつまいもは1cm幅に切り、水にさらして水気をきる。しめじはほぐす。ソーセージは1cm幅に切る。

3 なべに米を入れて、酒に水を足して2カップにして加え、カレー粉、塩、こしょうを混ぜる。玉ねぎ、さつまいも、しめじ、ソーセージ、バターを順にのせ、ふたをわずかに開けて強めの中火にかける。

4 沸騰を確認したら、ふたをきちんと閉めて1分炊き、弱火にして10分炊く。火を止めて10分蒸らして（b）、さっくり混ぜて器によそう。

オレンジとルッコラのサラダ

苦み、酸味、甘みのバランスがいいサラダです。

1 オレンジ1個は包丁で皮をぐるりとむいて、一房ごとに切れ目を入れて果肉を取り出す。赤玉ねぎ1/4個は横に薄切りにし、ルッコラ、グリーンレタス各100gは食べやすく切って、それぞれ水に放し、よく水気をきる。器にオレンジ、赤玉ねぎ、ルッコラ、グリーンレタスを盛り合わせる。

2 ワインビネガー大さじ1、サラダ油大さじ2、粒マスタード、はちみつ各小さじ1、塩、こしょう各適宜でドレッシングを作り、**1**にかけ、ローストしたくるみ適量を散らす。

シチューやカレー、ピラフなど洋風料理の"うまみのもと"はいため玉ねぎです。本書では、弱火でふたをしながらときどき混ぜてはいためる"蒸らしいため"の手法で、料理に自然な甘みとこくを加えます。ふつうのなべでは20～30分かかるところ、「ストウブ」なら5～10分で仕上がります。料理によってにんにくなどの香味野菜を加えたりもします。

玉ねぎの"蒸らしいため"は"うまみのもと"

①なべに油とみじん切りの玉ねぎを入れて中火にかけ、いためて(a)よく油が回ったら、ふたをして弱火にする。
②ときどきふたを取って(b)軽く混ぜながらいためる。食べるとやわらかく、しっとりしていて甘みが出るまでが目安(c)。

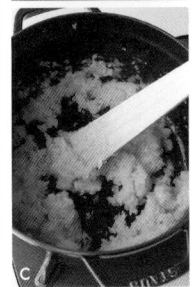

かぶとにんじんのピクルス

さわやかな酸味で食べ飽きません。

材料：作りやすい分量

かぶ	3個
にんじん	1本
セロリ	1本
A ┌ 酢、水	各1/2カップ
│ 砂糖	大さじ2
│ 塩	小さじ1
│ ローリエ	1枚
└ 粒白こしょう	少々

1 かぶは皮をむいてくし形に切り、にんじんは3mmの薄い輪切りに、セロリは筋を取って5cm長さの棒状に切る。

2 なべにAを入れて煮立て、火を止めて**1**を入れて上下を返して冷めるまでおく(写真)。

| きのこご飯
作り方 58ページ

| そら豆と新しょうがのご飯
作り方 59ページ

| かやくご飯
作り方 58ページ

| 鯛とたけのこご飯
作り方 59ページ

材料：4人分　口径24cmのラウンド

米	1カップ
油	大さじ1
水	10カップ
A　鶏ささ身	4本
塩	小さじ¾
酒	大さじ1
長ねぎ（青い部分）	1本分
しょうが（薄切り）	1かけ分
ザーサイ（瓶詰め。せん切り）	適宜
万能ねぎ（小口切り）	適宜

1 米は洗ってざるに上げて30分おき、ボウルに移して油を混ぜる（a）。

2 なべに分量の水とAを入れて中火にかけ、一煮立ちしたら弱火にし、あくを取りながら4～5分煮、鶏ささ身と薬味を取り出す（b）。鶏ささ身は裂いておく。

3 2のなべに米を入れてなべ底を混ぜ（c）、再び煮立ったらふたをしてごく弱火で30分煮る。途中、なべ底を混ぜる。

4 火を止めて30分おく。好みで温め、軽く混ぜて器によそい、鶏ささ身、ザーツァイ、万能ねぎを添える。

＊炊いている途中、ごく弱火でも、ふくようだったらふたをわずかに開けておく。

中華がゆ　加熱時間47～50分　▶ 放置時間30分

鶏ささ身でとる上品なだしに米を入れて炊きます。
花が咲いたように米粒がふわっと割れて炊けたら大成功です。

a　b　c

きのこご飯

加熱時間 **16分** ▶ 放置時間 **10分**

数種類のきのこを合わせて、ほのかなうまみと香りを楽しみます。
好みで油揚げや鶏肉などを加えてもいいでしょう。

材料：4人分　口径22cmのラウンド

米	3合
たもぎたけ、本しめじ、白まいたけ(a)	各1パック（合わせて250〜300g）
だし汁	2¾カップ
A ┌ うす口しょうゆ	大さじ1½
｜ 酒	大さじ1½
｜ みりん	大さじ1
└ 塩	小さじ½
ゆずの皮（みじん切り）	適宜

1　米は洗ってざるに上げ、30分おく。

2　きのこはぬらしたペーパータオルで汚れをふき、たもぎたけ、まいたけは小さく裂く。本しめじは1本を縦2〜4等分に切る。

3　だし汁とAを合わせ、なべに米とともに入れ、きのこをのせる。ふたをわずかに開けて強めの中火にかける。沸騰を確認したらきちんとふたを閉めて1分炊き、弱火にして10分炊く。

4　火を止めて10分ほど蒸らして(b)、さっくり混ぜて器によそい、ゆずの皮をふる。

＊ゆずの代りに青ゆずを使ってもよく、皮はおろしたものをふってもいい。

かやくご飯

加熱時間 **16分** ▶ 放置時間 **10分**

野菜に油揚げ、干ししいたけによって、米のおいしさが引き立つ炊込みご飯です。
汁物にあえ物、焼き魚を添えたら立派な献立に。

材料：4人分　口径22cmのラウンド

米	3合
干ししいたけ	3枚
油揚げ	1枚
ごぼう	½本（70〜80g）
にんじん	小1本
しらたき	小1パック（120g）
だし汁	2¾カップ
A ┌ うす口しょうゆ	大さじ3
｜ 酒	大さじ3
└ みりん	大さじ½

1　干ししいたけは水でもどし、軸を取って、大きいものは縦半分にし、薄切りにする。

2　米は洗ってざるに上げ、30分おく。

3　油揚げは熱湯を回しかけて水気をきり、縦半分に切って細切りに。ごぼうはささがきにして水にさらして水気をきる。にんじんはやや太めのせん切りに。しらたきは食べやすく切ってゆでこぼし、水気を絞る。

4　だし汁とAを合わせ、なべに米とともに入れ、1と3をのせ、ふたをわずかに開けて強めの中火にかける。

5　沸騰を確認したらきちんとふたを閉めて1分炊き、弱火で10分炊き、火を止めて10分蒸らす(b)。さっくり混ぜて器によそう。

そら豆と新しょうがのご飯　加熱時間 15分 ▶ 放置時間 10分

初夏の恵みを味わいます。
炊きたてがおいしいので、食べきれる分量でご紹介します。

材料：4人分　口径20cmのラウンド

米……………………………………2合
そら豆…………10本(正味100〜120g)
塩………………………………小さじ¾
酒…………………………………大さじ1
昆布……………………………………5cm角
新しょうが…………………………20〜30g

1 米は洗ってざるに上げ、30分おく。
2 そら豆は薄皮までむいて塩をまぶす。しょうがはせん切りにする。
3 酒と水を合わせて2カップにし、なべに **1** の米とともに入れ、昆布、しょうがをのせて、ふたをわずかに開けて強めの中火にかける。
4 煮立ったらそら豆を塩ごと加えて(a)、きちんとふたを閉めて1分炊いたら弱火で10分炊く。火を止めて10分蒸らす(b)。
5 昆布を取り除いて、さっくり混ぜて器によそう。

＊新しょうががないときは、しょうがの量を控えめにして加える。

鯛とたけのこご飯　加熱時間 16分 ▶ 放置時間 10分

春が旬の鯛とたけのこを炊き込みます。
うまみはしっかり、何杯でもお代りしたくなるおいしさです。

材料：4人分　口径22cmのラウンド

米……………………………………3合
鯛(切り身)………………………大2切れ
塩………………………………小さじ½
新のゆでたけのこ………小1本(200g)
だし汁……………………………2¾カップ
A ┌ うす口しょうゆ、酒……各大さじ3
しょうが(薄切り)……………………2枚
木の芽………………………………適宜

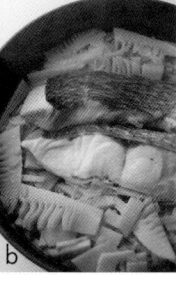

1 米は洗ってざるに上げ、30分おく。
2 鯛は塩をふって10分おき、水気をふいて、強火のグリルで皮側だけをこんがりと焼く。たけのこは、穂先は縦に薄切り、下の部分は短冊に切る。
3 なべに米を入れ、だし汁とAを加えて混ぜ、たけのこ、しょうが、鯛をのせて(a)、ふたをわずかに開けて強めの中火にかける。煮立ったらきちんとふたを閉めて1分炊き、弱火にして10分炊いて、10分蒸らす。
4 ふたを開けて(b)鯛としょうがを取り出す。鯛は骨を取って身をほぐしてなべに戻し、さっくり混ぜる。器によそい、木の芽を添える。

＊鯛の代りに刻んだ油揚げ1枚分を加えて、たけのこを増量してもいい。または、やや甘みをきかせて鶏肉とたけのこのご飯にしても。

たけのこのゆで方

たけのこは手に入れたらすぐにゆでることが肝心です。大きく深いなべを用意してください。

材料：2本分

たけのこ……………………………2本
A ┌ 米ぬか…………………………1カップ
  └ 赤とうがらし……………………2〜3本
水……………………………………適宜

①たけのこは穂先を斜めに切り落として、縦に切れ目を入れる。なべに入れ、Aとかぶるくらいの水を加えて火にかける。煮立ったら落しぶたをしてごく弱火で1時間半加熱。途中、水が少なくなったら足す。下のかたい部分に串を刺してすっと通るようになるまでゆでて火を止める。
②冷めたら皮をむき、水に浸して冷蔵庫で保存。水を替えれば約3日もつ。

［乾物を炊く］

| しいたけのうま煮
作り方62ページ

| 黒豆
作り方62ページ

「ストウブ」で乾物を炊くと短時間で上手に火が入り、ほかのなべとの違いがわかります。加熱と放置を繰り返せば、火にかけている時間は通常の半分で充分なほど。おせちにつきものの、黒豆に昆布巻き、しいたけのうま煮からご紹介しましょう。

さっぱり昆布巻き
作り方63ページ

しいたけのうま煮 | 加熱時間28分 ▶ 放置時間10分

こっくりと濃厚な味つけで仕上げます。
煮しめはもちろん、すしやのり巻きの具にしてもおいしいので、多めに作りましょう。

材料：作りやすい分量
口径20cmのラウンド

干ししいたけ	小20枚
だし汁	1カップ
干ししいたけのもどし汁	½カップ
酒、みりん、しょうゆ	各大さじ2
砂糖	大さじ½〜1

1 干ししいたけは保存袋に入れて水を加え(a)、冷蔵庫に一晩おいて充分にもどす。

2 なべに軸を取ったしいたけを入れて、残りの材料を加えて中火にかける(b)。あくを丁寧に取って(c)ふたをし、ごく弱火で25分煮て火を止め、10分おく。煮ている途中で上下を返す。

黒豆 | 加熱時間約4時間 ▶ 放置時間約3時間

祝い肴に欠かせない一品。煮汁を生かして黒く仕上げます。

材料：作りやすい分量
口径22cmのラウンド

黒豆(大粒)	1袋(250g)
砂糖	200〜250g
うす口しょうゆ	小さじ1

1 黒豆は洗って密閉容器に入れ、3〜4倍の水に浸して冷蔵庫に1日おいてよくもどす。

2 なべに**1**をもどし汁ごと入れて中火にかける。煮立ったら丁寧にあくを取る(a)。ふたをしてごく弱火で3〜4時間煮、途中、なべ底から混ぜて豆がなべ底につかないようにする(b)。30分〜1時間ごとに水を足してあくを取り、ふたをしてごく弱火で煮る。途中で火を止めて、余熱で加熱してもいい。

3 黒豆がやわらかくなったら(c)、砂糖の¼〜⅓量を加えて(d)煮立て、あくを取ってふたをして火を止める。冷めるまでおいたら再び火にかけ、同様に砂糖を加えて煮立て、あくを取り、ふたをしてを2、3度繰り返す。最後にしょうゆを加えて冷ます(e)。

4 **3**を密閉容器に入れて冷蔵庫で保存する。5日以上たったら火を入れて冷まし、保存するとさらにもつ。

＊残った汁と割れた豆はミキサーにかけ、ときどき混ぜながら凍らせて、シャーベットにしてもいい。ゆずの皮を散らすとなおのことおいしい。

材料：12本分　口径24cmのラウンド

日高昆布（30cm長さ）……………6本
A ┌ 酒 ……………………………¼カップ
　 └ 水 ………………………………1カップ
甘塩鮭（切り身）………………大3切れ
かんぴょう………………15g（塩少々）
B ┌ 水 ………………………………1カップ
　│ 酢 …………………………………大さじ1
　│ 酒 …………………………………大さじ3
　│ うす口しょうゆ…………………大さじ2
　│ みりん……………………………大さじ2
　 └ しょうが（薄切り）………………3枚

さっぱり昆布巻き　加熱時間28分 ▶ 放置時間20分

昆布と鮭のうまみが引き立つよう甘みをぐっと控えて味つけしているから、とてもさっぱりしています。
なべの熱伝導のよさに加えてお酢の力で昆布を早く、やわらかく煮ます。

1　かんぴょうはさっと洗って塩でもみ、洗って水でもどし、5mm幅のひも状に切る。

2　昆布はさっと洗ってバットに入れ、Aを加える（a）。上下を返して10分ほどおき、巻けるくらいまでもどしたら、つけ汁をきる。つけ汁はとっておく。

3　鮭は骨と皮を取って、昆布の幅に合わせて1cm角の棒状に切り、12本用意する。

4　昆布は長さを半分に切って**3**の鮭を巻き（b）、2か所をかんぴょうで巻いて結ぶ（c）。

5　なべに**4**の結び目を横か下にして置き、昆布のつけ汁とBを加えて中火にかける（d）。煮立ったらあくを取り、ふたをしてごく弱火で20分ほど煮、火を止めて20分以上おいて余熱でやわらかく火を通す（e）。

6　昆布巻きの両端を少し切り落とし、中央で切り分けて器に盛る。

＊昆布は煮ると膨らむので、巻くときは少しゆるめに巻くこと。

ひよこ豆と豚肉の
トマト煮

チリコンカン

ひよこ豆と豚肉のトマト煮　加熱時間33分 ▶ 放置時間10分

トマトのうまみとほくほくしたひよこ豆の食感がよく合います。
ひよこ豆に限らず、豆は一袋全部ゆでてしまい、残りは冷凍すると便利です。

材料：6人分　口径22cmのラウンド

ひよこ豆（ゆでたもの）	300g
豚肩ロース肉（ソテー用。4cm角に切る）	3枚分
塩	小さじ1
粗びき黒こしょう	少々
A〔玉ねぎ（みじん切り）	1個分
にんにく（みじん切り）	1かけ分〕
オリーブ油	大さじ1
B〔トマト（カット缶詰）	1缶（400g）
酒	大さじ2
チキンコンソメのもと	1/2個
ローリエ	1枚〕
C〔しょうゆ	小さじ1
塩	小さじ1/4
粗びき黒こしょう	少々〕

1 豚肉は塩、こしょうする。

2 なべにオリーブ油とAを入れて蒸らしいため☆にする。ここに**1**の豚肉を加えてよくいため、Bを加えて3分ほど煮立てる。ひよこ豆を入れて（写真）ふたをし、弱火で15分煮、火を止めてそのまま10分おく。

3 **2**のふたを取って火にかけ、5分ほど煮つめ、Cで味を調える。器に盛り、好みで黒こしょうをひく。

＊ひよこ豆の代りに、ゆでた黒豆で作ってもおいしい。
☆蒸らしいためは55ページ参照

ひよこ豆のゆで方

ひよこ豆はさっと洗って3〜4倍の水につけ（a）、冷蔵庫に一晩おいてもどす。もどし汁ごとなべに入れて中火にかけ、煮立ったらふたをして弱火で15分煮る（b）。

豆はまとめてゆでて、残りを冷凍すると便利（c）。その場合は汁ごと保存袋に入れるのがこつ。

チリコンカン　加熱時間24分 ▶ 放置時間10分

熱々でも冷めてもおいしいので気楽なおもてなしにいかが。
金時豆は思いのほか早くゆで上がるので、煮くずれしないよう気をつけてください。

材料：6人分　口径22cmのラウンド

金時豆（ゆでたもの）	300〜400g
合いびき肉	200g
にんにく（みじん切り）	1かけ分
玉ねぎ（みじん切り）	1個分
オリーブ油	大さじ1
にんじん（すりおろす）	1/2本分
塩	小さじ2/3
A〔小麦粉	大さじ1/2
チリパウダー	大さじ1〕
B〔トマト（カット缶詰）	1缶（400g）
水	3/4カップ
チキンコンソメのもと	1/2個
ローリエ	1枚〕
C〔塩	小さじ1/3
カレー粉、チリパウダー、ガラムマサラ	各適宜〕
パセリ（みじん切り）	適宜

1 なべにオリーブ油とにんにく、玉ねぎを入れて中火にかけて3分ほど蒸らしいため☆にする。続いてにんじん、ひき肉を順に加えていため、塩を入れて混ぜたらふたをして、蒸らしいためにする。

2 **1**にAを加えてさっといため、Bを加えて煮立て、金時豆を加えてふたをし、ときどき混ぜながら、ごく弱火で15分煮る。火を止めて10分おき、弱火にかけてCで味を調える。器に盛って、パセリをふる。

☆蒸らしいためは55ページ参照

金時豆のゆで方

金時豆は洗って3〜4倍の水につけ、6〜8時間冷蔵庫においてもどす。なべにもどし汁ごと入れて火にかけ、煮立ったらふたをしてごく弱火で20分ほどゆで、10分放置する。ゆですぎないようにする。

揚げる

保温力の高い「ストウブ」は揚げ油の温度を一定に保つので揚げ物用のなべにも適します。揚げ物こそ、良質の油を使って家で作りましょう。からっと揚がるおすすめは米油や菜種油。風味がよくて、酸化しにくいからです。

カレー風味の鶏のから揚げ
作り方68ページ

えびとズッキーニの
フリット
作り方68ページ

フライドポテト
チーズパセリ風味
作り方69ページ

えびと三つ葉の
かき揚げ
作り方69ページ

カレー風味の鶏のから揚げ

一口ほおばると表面はかりっ。でも中からふっくらジューシーなうまみが口の中一杯に広がります。どんなお店にも負けない自慢のから揚げです。

材料：4〜5人分
口径24cmのラウンド

骨つき鶏もも肉	3〜4本（1kg）
塩	小さじ2
カレー粉	小さじ2
しょうが（すりおろす）	2かけ分
にんにく（すりおろす）	1かけ分
酒	大さじ2
かたくり粉	約大さじ6
揚げ油	適宜

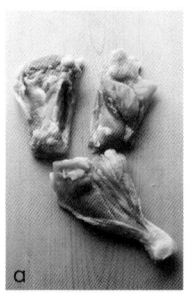

1 鶏もも肉は1本を三つに切り分ける。関節で二つに切り、太い部分は骨に沿って切る(a)。

2 1をボウルに入れて塩をふり、カレー粉、しょうが、にんにく、酒を加えてもみ込み、20分室温におく(b)。

3 なべに揚げ油を4cmの深さに入れて170℃に熱し、2の鶏肉にかたくり粉をつけて入れ、かりっとするまで6〜10分、骨つきのものはやや長めに揚げる。器に盛り、好みでレモンやすだち、ライムをしぼっていただく。

＊油にカレーの風味がつくが、野菜、肉、魚などのいため油や揚げ物にして早めに使ってしまうといい。

えびとズッキーニのフリット

天ぷら粉をビールで溶くだけの簡単な衣で作れて、ふんわりさくっと揚がります。

材料：4人分　口径22cmのラウンド

えび（殻つき）	12尾（240g）
かたくり粉	大さじ1
A　塩	小さじ1/4
こしょう	少々
酒	大さじ1
ズッキーニ（1cm幅の輪切り）	1本分
天ぷら粉（市販）	適宜
B　天ぷら粉、ビール	各3/4カップ
かたくり粉	大さじ2
塩	小さじ1/3
粗塩	適宜
揚げ油	適宜

1 えびは一節を残して殻をむき、尾の先を斜めに落とし、背わたを抜く。かたくり粉をからめて(a)、流水で洗って水気をふく。ボウルに入れてAを混ぜて10分おく。

2 えびの水気をふき、ズッキーニとともに、天ぷら粉をまぶす。

3 ボウルにBの天ぷら粉、かたくり粉、塩を入れて、ビールを注ぎ(b)、泡立て器でよく混ぜる(c)。

4 なべに油を4〜5cmの深さに入れて火にかけ、180℃にする。3の衣をつけて、ズッキーニは1分半ほど、えびは2分ほど、かりっとするまで、それぞれ揚げる。なべ底につかないよう気をつける。油をきって器に盛り、粗塩を添える。

フライドポテト チーズパセリ風味
加熱時間 10〜12分

二度揚げして表面はからっと、中はほくほくに仕上げます。
パルミジャーノ・レッジャーノで味に変化をつけて。

材料：4人分　口径22cmのラウンド
じゃがいも……………4〜5個(500g)
パルミジャーノ・レッジャーノ(おろす)
　………………………………大さじ3
ドライパセリ………………小さじ1
粗びき黒こしょう……………少々
塩……………………………少々
揚げ油………………………適宜

1 じゃがいもはくし形に切り、水にさらして水気をふく。
2 なべに3cmほどの深さに油を入れて170℃に熱し、**1**のじゃがいもを火が通るまで4〜5分揚げ、一度取り出す(写真)。揚げ油を180℃に熱し、じゃがいもを戻してかりっと揚げ、ペーパータオルにとって油をきる。
3 揚げたてをボウルに移し、塩をふり、チーズ、パセリ、こしょうを混ぜる。

家庭で作る天ぷらは〝天ぷら粉〟が合理的です

市販の天ぷら粉は小麦粉にベーキングパウダー、でんぷんや米粉などが入っているので、水で溶くだけで手間もこつもいりません。かりっと揚がって、しかもその状態が長く続くので、家族の多い我が家では重宝しています。

えびと三つ葉のかき揚げ

かき揚げのこつはやっとまとまるくらいの衣を食材に加えること。
塩だし、天つゆも紹介します。

材料：3〜4人分
口径22cmのラウンド
えび(殻つき)…………………250g
　かたくり粉…………………大さじ1
　塩……………………………少々
生しいたけ……………………8枚
切り三つ葉または糸三つ葉……適宜
天ぷら粉(市販)………………大さじ2
A[天ぷら粉、冷水…………各1カップ
揚げ油…………………………適宜

1 えびは背わたを抜いて殻をむき、かたくり粉をからめて水で洗い、水気をふく。これを2cm長さのぶつ切りにして塩をからめる。生しいたけは1cm角、三つ葉は2cm幅に切る。
2 **1**をボウルに入れて天ぷら粉をからめる。
3 Aを混ぜて衣を作り、やっとまとまるくらいの量を**2**に加える。
4 揚げ油を180℃に熱し、**3**をへらなどで油に入れ、ややかりっとしたら上下を返し、2〜3か所を箸でつついて、かりっと揚げる。好みで塩だしや天つゆでいただく。

塩だし
みりん、酒各大さじ1½、だし汁180mlを煮立て、塩小さじ1½を加えて溶かす。

天つゆ
みりん大さじ1½、だし汁180mlを煮立て、しょうゆ大さじ3を加えて再び煮立てる。みりんは好みで大さじ3まで増やしてもOK。

[燻す(いぶ)]

緑茶の葉を使って軽く燻す燻製の作り方を紹介しましょう。「ストウブ」は密閉性に優れているので、燻蒸してもほとんど煙を逃がしません。また、黒マットエマイユ加工のおかげで燻煙などの汚れがなべについても、簡単に洗い落とせるので、気楽に燻製作りが楽しめます。

スモークサーモン	**ゆずこしょう風味の**
作り方72ページ	**鶏手羽先の燻製**
	作り方72ページ

帆立貝柱の燻製
作り方73ページ

スモークサーモン　加熱時間10分

新鮮な鮭や鱒が手に入ったらぜひお作りください。ここでは鱒で作りました。塩やハーブでマリネしてからさっといぶすだけですが、本格的な味わいです。

材料：作りやすい分量
口径27cmのオーバル

鱒または鮭（生食用）……………450g
A ┌ 塩、砂糖……………各小さじ1⅓
　└ ディル………………………2〜3本
B ┌ 緑茶の葉……………………大さじ1
　└ 砂糖…………………………大さじ2
C ┌ 生クリーム、プレーンヨーグルト
　│　　　　　　　　　　……各大さじ3
　├ 塩……………………………………少々
　└ ディルの葉（みじん切り）……1本分
ライム………………………………1〜2個

1 鱒は水気をふいて骨を取り、Aをまぶす。バットにラップフィルムと厚手のペーパータオルを重ねて敷き、鱒の皮目を下にして置き、ディルをのせてしっかりと包み（a）、冷蔵庫で1〜2日マリネする。

2 なべ底にアルミフォイルを穴をあけないように敷きつめ（周囲を2〜3cm立ち上げる）、1〜2cm太さの棒状にしたアルミフォイル2本を平行に置き、混ぜたBを敷きつめる（b）。

3 2の上にクッキングシートを敷き（c）、水気をふいた鱒を皮を下にして入れ、ふたをせずに中火にかける。

4 煙が出てきたらふたをして弱火で約5分いぶす（d）。鱒の表面が白くなり、香りがついたら、取り出す。

5 4を食べやすく切って器に盛り、Cを混ぜたソースとライムを添える。

＊使い終わったアルミフォイルとクッキングシートは、ステンレスのボウルなどに入れて、火が消えたのをしっかりと確認してから捨てる。
＊刺身用のさく150gを使う場合は、塩、砂糖各小さじ½、ディル1〜2本で1日マリネする。

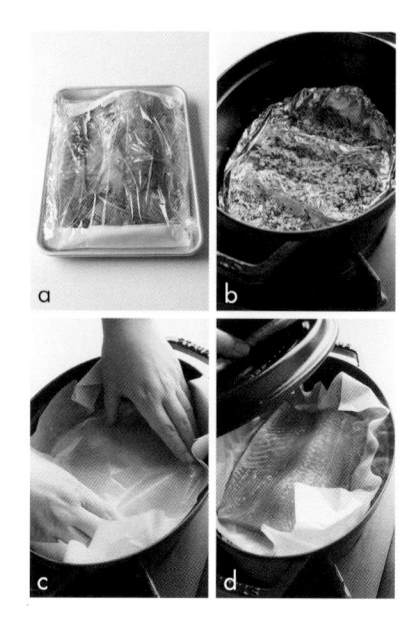

ゆずこしょう風味の鶏手羽先の燻製　加熱時間24分

ゆずこしょうで風味づけした手羽先をさっと燻製に。表側をクッキングシートに接するように置くと、きれいに仕上がります。

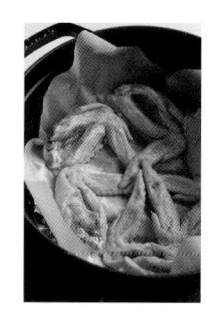

材料：2〜3人分
口径24cmのラウンド

鶏手羽先…………………………6本（300g）
塩……………………………………………少々
ゆずこしょう…………………………小さじ½
A ┌ 緑茶の葉……………………大さじ1
　└ 砂糖…………………………大さじ1½

1 鶏肉は裏側から骨に沿って切れ目を入れ、塩を全体にふって10分おき、水気をふいて、ゆずこしょうをからめる。

2 なべ底にアルミフォイルを穴をあけないように敷きつめ（周囲を2〜3cm立ち上げる）、1〜2cm太さの棒状にしたアルミフォイル2本を平行に置き、混ぜたAを敷きつめる。

3 2の上にクッキングシートを敷き、表を下にして鶏肉を入れ（写真）、ふたをせずに中火にかける。煙が出たらふたをし、ごく弱火で20分いぶす。中央に竹串を刺し、火が通っていればいい。

4 器に盛って、好みでゆずこしょうを添える。

＊使い終わったアルミフォイルとクッキングシートは、ステンレスのボウルなどに入れて、火が消えたのをしっかりと確認してから捨てる。

帆立貝柱の燻製 | 加熱時間 7〜8分

表面だけさっと燻製にして、
レアな食感を楽しみます。

材料：2〜3人分
口径22cmのラウンド

帆立貝柱（刺身用）	大6個
A 塩	小さじ1/3
粗びき黒こしょう	少々
B 緑茶の葉	大さじ1
砂糖	大さじ1 1/2
万能ねぎ（またはシブレット）	少々

1 帆立貝柱は水気をふき、Aをふって10分おき、もう一度水気をふく。

2 なべ底にアルミフォイルを穴をあけないように敷きつめ（周囲を2〜3cm立ち上げる）、1〜2cm太さの棒状にしたアルミフォイル2本を平行に置き、混ぜたBを敷きつめる。

3 2の上にクッキングシートを敷き、1をのせて（写真）ふたをせずに中火にかける。煙が出てきたらふたをしてごく弱火で3〜4分、いぶす。

4 上下を返して器に盛って、ねぎを添える。

＊使い終わったアルミフォイルとクッキングシートは、ステンレスのボウルなどに入れて、火が消えたのをしっかりと確認してから捨てる。

「ストウブ」を長く愛用するために

● ガスこんろ、IH、ハロゲン……いろいろな熱源で調理ができます。火加減はごく弱火から強めの中火まで。なべ底から火が出ない火加減を守りましょう。急激な温度変化はなべをいためるので、強火にかけてはいけません。熱くなったなべをすぐに流水で洗うのも避けましょう。

● 加熱すると、つまみとなべ本体がとても熱くなるので、必ずなべつかみを使います。

● 金属製の調理器具はほうろうを傷つけるもとになるので、木製やシリコン製がおすすめです。

● 食洗機よりも手洗いをおすすめします。水で薄めた中性洗剤をスポンジにつけて洗います。焦げついたときはしばらくお湯に浸しておけば、簡単に汚れが落ちます。

● 洗ったら水気をふきんでよくふきます。特になべの縁はさびやすい部分なので丁寧に。表面が乾くまでふきんの上に伏せ、最後に水気をもう一度ふきます。

［デザート］

ほうろう製の「ストウブ」は果物のコンポートやジャムを作るのにとても適しています。また、なべであってもオーブン代りにも使えるのでケーキを焼くことも可能です。ふだんの日にいただくデザートなら「ストウブ」におまかせ。

蒸しプリン
作り方76ページ

| 桃のコンポート
作り方76ページ

| いちじくのコンポート
作り方76ページ

| 夏みかんのしょうが風味ジャム
作り方77ページ

| いちごジャム
作り方77ページ

| ブルーベリージャム
作り方77ページ

加熱時間 **19**分
蒸しプリン
生クリームを加えてクリーミーな生地を作り、
じか蒸しにします。

材料：3個分　口径24cmのラウンド

A ┌ 卵 ………………………………… 1個
　├ 卵黄 ……………………………… 1個分
　└ 砂糖 ……………………………… 50g
B ┌ 牛乳 ……………………………… 1½カップ
　└ 生クリーム ……………………… ¼カップ
バニラオイル …………………………… 少々
C ┌ 砂糖 ……………………………… 50g
　└ 水 ………………………………… 大さじ1
熱湯 ……………………………………… 大さじ2

1　Aをボウルに入れて、泡立て器でよく混ぜる。
2　小なべにBを入れて火にかけ、まわりがふつふつするまで温めて**1**に加えて混ぜる。一度こして小なべに戻し、バニラオイルを加える。耐熱カップに流し入れてラップフィルムで覆う。
3　なべに厚手のクッキングシートを敷き、湯2カップを沸騰させる。一度火を止めて**2**を入れてふたをし、中火で1分加熱し、ごく弱火で15分蒸す。
4　別の小なべにCを入れてカラメル状に焦がし、熱湯を加えてゆるめたら冷やす。冷やしたプリンにカラメルをかけていただく。
＊カップを四つにした場合は、ごく弱火にしてから12分を目安に蒸す。

加熱時間 **13**分
桃のコンポート
コンポートに使う果物は、一般に熟していない
かためのものを使います。こちらは桃とワインの香りが高く、
フレッシュのものとはまた違ったおいしさです。

材料：4人分　口径22cmのラウンド

桃 ………………………………………… 2個
水、白ワイン …………………………… 各1カップ
砂糖 ……………………………………… 120g
ミント …………………………………… 適宜

1　桃は洗って産毛を取り、包丁でくぼみに沿ってぐるりと種まで切れ目を入れる。両手で優しく持ち、ひねって身をはずし(a)、スプーンで種を取る。
2　なべに熱湯を沸かし、**1**を入れてさっとゆで、氷水にとって皮をむく。
3　なべに白ワインを中火で煮立て、分量の水と砂糖を入れて煮溶かす。桃を入れて(b)再び煮立ったら、ふたをして弱火で10分煮る。火が強ければごく弱火にする。
4　**3**の粗熱を取って密閉容器に移し、冷蔵庫でよく冷やす。いただくときにミントを添えて盛る。
＊残ったシロップはゼリーで固めて添えても。

加熱時間 **11〜13**分
いちじくのコンポート
ほのかな甘さで煮た
和風味のコンポートは、
食後のデザートにぴったりです。

材料：作りやすい分量
口径24cmのラウンド

いちじく ……… 大8個(中なら10〜12個)
水 ………………………………………… 2カップ
砂糖 ……………………………………… 120g
レモン汁 ………………………………… 大さじ1

1　いちじくは軸を取り、皮を薄くむく。
2　なべに円形に切ったクッキングシートを敷いて、分量の水を入れて中火にかけ、煮立ったら、砂糖を入れて溶かし、いちじくを加える(写真)。再び煮立ったらふたをして、弱火で6〜8分煮る。途中、ふくようならごく弱火にする。
3　**2**にレモン汁を加えて粗熱を取り、密閉容器に入れて、冷蔵庫で半日冷やしていただく。
＊1〜3日が食べごろ。シロップはペリエで割るとおいしい。

加熱時間 **33**分
夏みかんのしょうが風味ジャム

しょうがの辛みが夏みかんの苦みとうまく調和します。
パンにぬるほか、豚肉のソテーなどに添えてもいいでしょう。

材料：作りやすい分量
口径22cmのラウンド

夏みかん（無農薬や減農薬のもの）
　………………2個（正味500g）
砂糖…………250g（夏みかんの50％）
しょうが（せん切り）………1〜2かけ分

1 夏みかんはよく洗い、皮の表面におろし金で傷をつける。へたを取って8等分に切れ目を入れて皮をむく。みかんの果肉は薄皮、種、白い筋を取ってほぐす。
2 皮を細切りにしてなべに入れ、たっぷりの水を注いで火にかける。煮立ったら弱火にして3分ゆでる。ざるに上げて冷水にさらす（写真）。
3 2の水を替えながら苦みが好みの加減になるまで数時間から半日つけて、水気をよく絞る。
4 なべに果肉と砂糖を入れて1時間おく。しょうがとみかんの皮を加えて中火にかけ、煮立ったら中火弱にして、あくを取りながら25分ほど、ときどき混ぜながら煮る。

加熱時間 **33**分
いちごジャム

小粒ならそのまま煮てもいいですが、
軽くつぶしながら煮ると
パンにものせやすく、
おいしく感じられます。

材料：作りやすい分量
口径22cmのラウンド

いちご（小粒）…………2パック（500g）
砂糖………………250g（いちごの50％）

1 いちごは洗ってへたを取り、水気をふいてなべに入れ、砂糖をまぶして1時間おく。
2 砂糖がなじんだら中火にかけ、煮立ったら中火弱にしてふたをし、5分煮る。ふたを取り、ときどきあくを取って（写真）混ぜながら、途中、へらで身を軽くつぶし、25分ほど煮る。

加熱時間 **17〜22**分
ブルーベリージャム

水分が多く、
ペクチンが少ないブルーベリーは、
砂糖を多めに加えます。

材料：作りやすい分量
口径22cmのラウンド

ブルーベリー…………3パック（300g）
砂糖………180g（ブルーベリーの60％）

1 ブルーベリーは洗って水気をよくきってなべに入れ、砂糖をまぶして1時間おく。
2 1を中火にかけて、煮立ったら中火弱にし、ときどきあくを取って混ぜながら、15〜20分煮つめる。

にんじんの蒸しケーキ | 加熱時間 22〜27分

「ストウブ」をオーブン代りに使って蒸しケーキを作りませんか。
ここでは彩りのきれいなにんじんとピスタチオを加えました。
栄養価も高く、とてもヘルシーなデザートです。

材料：口径20cmのアルミの型(a) 1個分
口径24cmのラウンド

にんじん（スライサーでせん切り）	80g
ピスタチオ（薄皮をむいて刻む）	30粒分
バター	50g
粉黒砂糖	70g
卵	2個
牛乳	大さじ3
A ┌ 薄力粉	140g
├ ベーキングパウダー	小さじ2/3
└ シナモンパウダー	小さじ1/4

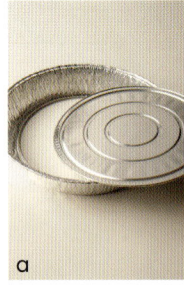

1 ボウルにバターを入れて室温に戻し、泡立て器でよく混ぜてから、ふるった黒砂糖を加えて、白くなるまでさらによく混ぜる。

2 1にとき卵を数回に分けて加えてなめらかにし、牛乳を混ぜる。

3 2にAをふるい入れ、ゴムべらでさっくり混ぜ、ほとんど混ざったらにんじんを加えて混ぜる。型に流し入れて中央をくぼませ、ピスタチオをふる。

4 なべはふたをして中火で2分温め、3を入れて(b)ふたをし、ごく弱火で20〜25分、火が通るまで蒸焼きにする。

アートディレクション……昭原修三
デザイン……下司恵梨子（昭原デザインオフィス）
撮影……木村 拓（東京料理写真）
スタイリング……綾部恵美子
校閲……田村容子（文化出版局）
編集……浅井香織（文化出版局）

協力……木屋　TEL03-3241-0110

今泉久美 いまいずみ・くみ

1963年、山梨県生れ。女子栄養大学卒業。料理研究家、栄養士。女子栄養大学栄養クリニック特別講師。塩分摂取量や栄養のバランスに配慮したレシピに定評がある。テレビ、雑誌、書籍などで活躍中。著書に『浸して漬けて「作りおき」』、『大人の献立ルールは2品で10分 500kcal』（共に文化出版局刊）など多数。

好評既刊
『貧血改善レシピ 鉄分がとれれば元気できれいに！』
『小さめの「ストウブ」で 早く楽にもっとおいしく！』
『「ストウブ」で和食を！ 早く煮えてうまみたっぷり』

「ストウブ」で
いつもの料理をもっとおいしく！

発　行　2010年10月25日　第 1 刷
　　　　2019年12月20日　第17刷
著　者　今泉久美
発行者　濱田勝宏
発行所　学校法人文化学園 文化出版局
　　　　〒151-8524　東京都渋谷区代々木3-22-1
　　　　　電話03-3299-2565（編集）
　　　　　　　03-3299-2540（営業）
印刷・製本所　株式会社文化カラー印刷

Ⓒ Kumi Imaizumi 2010　Printed in Japan
本書の写真、カットおよび内容の無断転載を禁じます。

・本書のコピー、スキャン、デジタル化等の無断複製は著作権法上での例外を除き、禁じられています。
本書を代行業者等の第三者に依頼してスキャンやデジタル化することは、たとえ個人や家庭内での利用でも著作権法違反になります。

文化出版局のホームページ http://books.bunka.ac.jp/